사랑해요 한국어
I Love Korean

서울대학교 언어교육원

Student's Book

서울대학교출판문화원

　〈사랑해요 한국어 3〉은 성인 한국어 학습자를 위한 단기 과정용(약 60시간) 교재 시리즈 중 제3권이다. 이 책은 성인 학습자들이 단기간에 친숙한 일상적 주제와 기능에 대한 언어 구성 능력과 사용 능력을 익혀 한국어 의사소통 능력을 기르도록 하는 데 목적이 있다.

　이 책은 다음과 같은 특징이 있다.

　첫째, 국제 통용 한국어 표준 교육과정을 기반으로 하여 교수요목을 설정하였으며 최근의 사회 문화적 변화를 반영하였다.

　둘째, 주제 및 기능 중심적 교수요목을 바탕으로 일상생활에서 사용하는 실제적인 문제 해결 상황 과제를 담아 수업 내용이 실생활로 전이될 수 있도록 하였다.

　셋째, 한 단원을 두 과로 구성하여 한 가지 주제에 대해서 다양한 기능을 충분히 심화 연습할 수 있도록 설계하였다. 한 과는 3시간에서 4시간용으로 구성하였다.

　넷째, 각 과에 도입 단계로서 주제 어휘를 상황 그림과 함께 제시하여 체계적이고 효과적인 어휘 학습이 이루어질 수 있도록 하였다. 이를 통해 학습자는 배울 내용을 유추하고 학습을 준비할 수 있다.

　다섯째, 문법 학습이 언어 지식을 쌓는 것에 그치지 않고 해당 문법의 기능을 익히고 활용하게 할 수 있도록 하기 위해 유의미한 연습을 충분히 제공하였다.

　여섯째, 말하기, 듣기, 읽기, 쓰기의 네 가지 언어 기능을 고루 향상시킬 수 있도록 기능별 연습을 제시하였고, 초급에서부터 구어와 문어의 학습이 긴밀하게 연계될 수 있도록 기능 통합형 연습도 구성하였다.

　일곱째, 교재에 제시되는 모든 지시문과 새 단어, 본문 등을 영어로 번역하여 제시함으로써 해당 언어권 학습자가 쉽게 이해할 수 있도록 하였다. 또한 문법에 대한 자세한 설명을 한국어와 영어로 병기함으로써 학습자뿐만 아니라 한국어를 가르치는 교사들에게도 도움이 될 수 있도록 하였다.

　이 책이 완성되기까지 많은 분들의 노력과 수고가 있었다. 먼저 오랜 기간에 걸쳐 집필 및 출판 과정에 참여한 교재개발위원회 선생님들의 노고와 헌신에 감사드린다. 아울러 책이 출판되기까지 꼼꼼하게 출판 작업을 도와주신 서울대학교출판문화원 관계자 여러분께도 고마운 마음을 전한다.

2019. 5.
서울대학교 언어교육원

<I Love Korean 3> is the third book of a series of short-term (about 60 hours) textbooks for Korean adult learners. The primary goal of this book is to develop Korean communication skills for adult learners by acquiring abilities to compose and use language that applies to everyday topics and functions.

This book has the following characteristics.

First, the curriculum is based on the model of the International Standard Curriculum of Korean Language and reflects recent social and cultural changes.

Second, based on topic and function-oriented teaching objectives, the classes were designed to mirror real life with practical problem-solving tasks used in everyday life.

Third, each unit is comprised of two lessons so that various functions can be practiced thoroughly enough on one topic. Each lesson is designed for a 3 to 4 hour class.

Fourth, as the introduction phase for each lesson, the topic vocabulary is presented with a picture of the situation so that systematic and effective vocabulary learning can be achieved. This allows learners to infer what they are going to learn and to prepare for it.

Fifth, sufficient meaningful practice is provided to enable grammar learning not only to accumulate language knowledge, but also to learn and utilize the function of the grammar.

Sixth, functional exercises are provided to improve the four language skills: speaking, listening, reading and writing. Skill-integrated exercises are also organized to closely link spoken and written language learning from the beginning.

Seventh, all instructions, new vocabulary, and texts presented in the textbook were translated into English so English-fluent learners can understand them easily. In addition, a detailed explanation of the grammar is provided in both Korean and English so that it can be helpful for teachers who teach Korean as well as learners.

There was a lot of hard work and effort that went into completing this series. First of all, we would like to thank all of the teachers who have participated in the writing and publishing process for all of their hard work. In addition, we would like to express our sincere gratitude to the staff of the Seoul National University Publishing Council who went to great lengths to help publish this series of textbooks.

2019. 5.

Language Education Institute, Seoul National University

일러두기 | How to Use This Book

〈사랑해요 한국어 3〉은 〈사랑해요 한국어 2〉를 학습했거나 120~200시간 정도의 한국어 수업을 마친 학습자를 위한 교재이다. 〈사랑해요 한국어 3〉은 총 9단원(18개 과)으로 구성되어 있으며, 각 단원이 하나의 주제를 중심으로 두 개의 하위 과로 나뉘어져 있다. 한 과는 3~4시간 수업용이며 주제 어휘와 핵심 표현, 그리고 이를 활용한 말하기, 듣기, 과제로 구성되어 있다. 한 단원의 마지막에 읽고 쓰기 활동이 제시된다.

〈I Love Korean 3〉 is a textbook for learners who have studied 〈I Love Korean 2〉 or completed 120~200 hours of Korean language classes. 〈I Love Korean 3〉 consists of 9 units (18 lessons), and each unit is divided into two sub-units centering on one theme. Each lesson is a 3~4 hour class. The lessons are comprised of topic related vocabulary and core expressions, speaking and listening activities, and tasks. At the end of each lesson, reading and writing activities are presented.

한 단원과 과별 구성은 아래와 같다.
A unit and its composition are as follows.

단원 Unit	
1과 Lesson 1	2과 Lesson 2
어휘 Vocabulary 핵심 표현 1, 2 Key Expression 1, 2 말하기 Speaking 듣기 Listening 과제 Tasks and Activities	어휘 Vocabulary 핵심 표현 1, 2 Key Expression 1, 2 말하기 Speaking 듣기 Listening 과제 Tasks and Activities
읽고 쓰기 Reading and Writing	

어휘 Vocabulary

- 그림을 통해 어휘의 의미를 익힐 수 있도록 주제와 관련된 상황을 삽화로 제시한다.
  Illustrations depict situations related to the topic so in order to learn the meaning of the vocabulary.

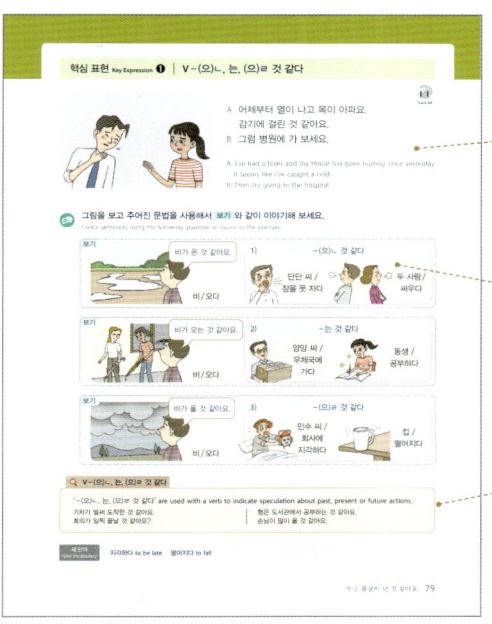

핵심 표현 Key Expression

- 목표 문법과 표현이 사용되는 전형적인 대화를 삽화와 함께 제시한다.
  Presents a typical dialogue in which target grammar and expressions are used with illustrations.

- 핵심 표현을 사용하여 발화할 수 있는 유의미한 연습 기회를 제공한다.
  Provides meaningful practice opportunities using key expressions.

- 핵심 표현의 문법적 정보를 간략하게 설명하고 의미 이해를 돕고 형태 변화를 알 수 있도록 예문을 제시한다.
  Briefly explains the grammatical information of key expressions. Examples are also provided to help understand meaning and to understand form changes.

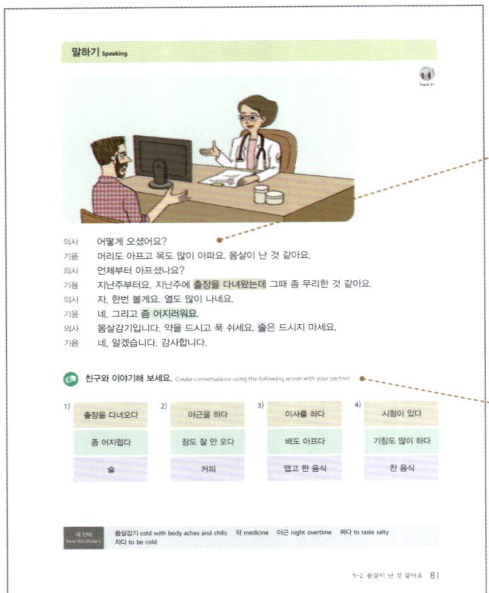

말하기 Speaking

- 주제 어휘와 핵심 표현을 포함한 대화문을 통해 실제적인 맥락 속에서 의사소통 기능을 학습하도록 한다. 대화 상황을 보여 주는 삽화가 함께 제시된다.
  Teaches communication skills in a practical context through dialogues, including topic related vocabulary and key expressions. An illustration showing the situation of the conversation is presented together.

- 어휘와 표현을 교체하여 대화문을 익히고 연습해 보도록 한다.
  Replaces vocabulary and expressions to learn and practice dialogues.

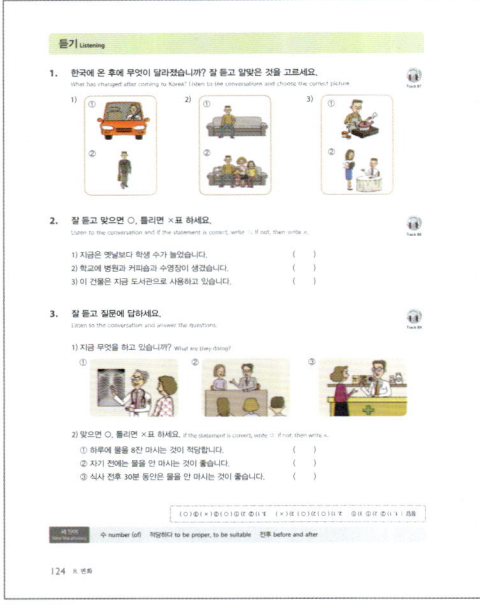

듣기 Listening

- 해당 과의 주제와 관련된 실제적인 듣기 연습으로, 들은 내용에 대한 이해 확인 문제와 함께 제시된다.
  Practical listening exercises related to the topic of the lesson are presented along with comprehension questions about the contents.

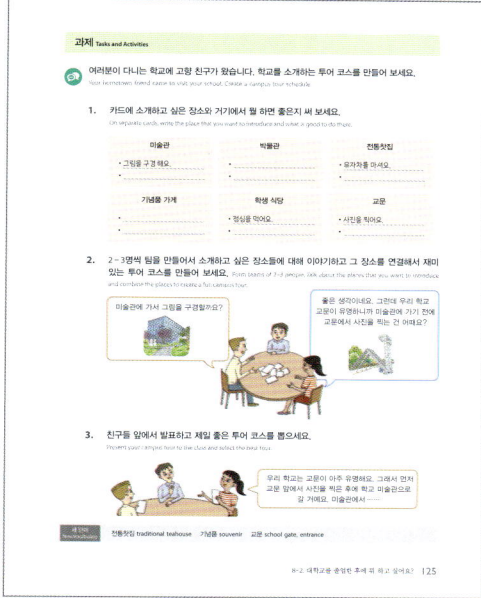

과제 Tasks and Activities

- 2~3단계의 문제 해결형 과제로 구성된다. 학습자 간에 활발한 상호 작용을 할 수 있는 다양한 유형의 활동을 제시하여 언어 사용의 유창성을 높이도록 한다.
  Consists of two or three-step problem-solving tasks. Presents various types of activities that are used to promote active interaction between learners to enhance fluency in language use.

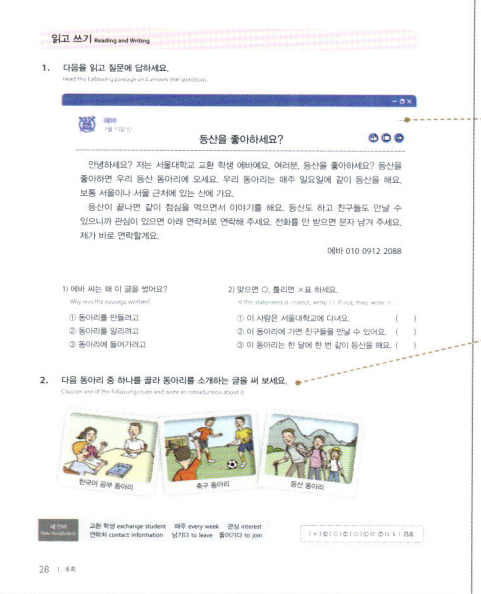

읽고 쓰기 Reading and Writing

- 학습자의 수준에 맞는 실제적이고 다양한 유형의 글을 읽은 내용에 대한 확인 문제와 함께 제시한다.
  Presents practical and diverse types of writings that are appropriate for the level of the learners, along with comprehension questions about what was read.

- 읽기 후 활동으로 읽은 텍스트와 유사한 종류의 글을 써 보도록 한다.
  Provides writing activities that are similar to the text that was read.

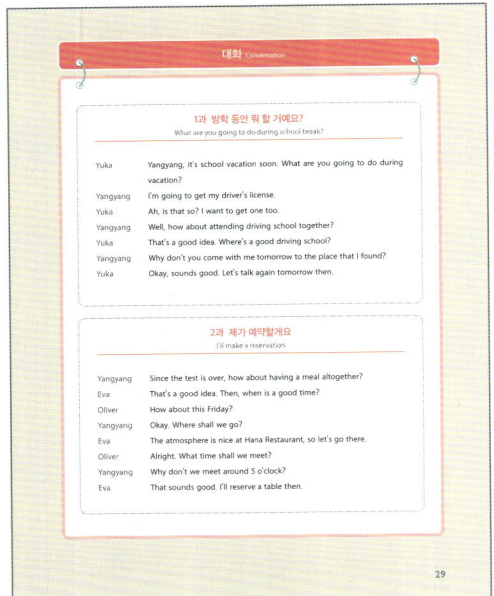

대화 Conversation

- 말하기 대화의 번역을 제시한다.
  Presents translation of speaking conversation.

부록 Appendix

- 연습이나 과제 활동에 필요한 활동지를 제공한다.
  Provides activity sheets or cards necessary for practice or task-based activities.

- 각 과의 핵심 표현에서 배운 문법에 대한 자세한 해설을 제공한다.
  Provides a detailed description of the grammar learned in the key expressions in each lesson.

- 각 과의 듣기 지문을 제공한다.
  Provides transcripts for listening exercises.

- 교재에 나오는 모든 어휘를 출현한 페이지와 함께 제시한다.
  Presents all of the vocabulary in the textbook along with corresponding pages where they appeared.

차례 Contents

머리말 Preface	2
일러두기 How to Use This Book	4
교재 구성표 Scope and Sequence	10
등장인물 Characters	14

1단원 계획 Plans
- 1과 방학 동안 뭐 할 거예요? What are you going to do during school break? … 16
- 2과 제가 예약할게요 I'll make a reservation … 22

2단원 문의 Inquiry
- 1과 기숙사로 이사하려고 해요 I'm planning on moving to a dormitory … 30
- 2과 등록금을 언제까지 내야 되나요? When do I have to pay tuition by? … 36

3단원 경험 Experiences
- 1과 노량진수산시장에 가 봤어요? Have you been to Noryangjin Fish Market? … 44
- 2과 뮤지컬을 봤는데 정말 재미있었어요 I saw a musical and it was really fun … 50

4단원 취업 Employment
- 1과 컴퓨터 회사에서 일한 적이 있습니다 I've worked at a computer company … 58
- 2과 지금 다니는 회사보다 연봉이 많아요 The salary is higher than my current job … 64

5단원 건강 Health
- 1과 건강에 관심이 많네요 You're very interested in health … 72
- 2과 몸살이 난 것 같아요 I feel like I'm aching all over … 78

6단원 고장 Broken
- 1과 노트북 화면이 안 나와요 My laptop screen won't turn on … 86
- 2과 세탁기가 고장 나서 전화 드렸어요 I called because my washing machine is broken … 92

7단원 모임 Gatherings
- 1과 금요일에 신입생 환영회에 갈 거예요? Are you going to the freshmen welcome party on Friday? … 100
- 2과 우리 같은 신입생이니까 말 놓을까요? Since we're both freshmen, shall we speak casually? … 106

8단원 변화 Change
- 1과 부산에서 살다가 서울로 오게 됐어 We were living in Busan and ended up moving to Seoul … 114
- 2과 대학교를 졸업한 후에 뭐 하고 싶어요? What do you want to do after you graduate college? … 120

9단원 명절 Holidays
- 1과 가족처럼 지내는 친구들이 있어서 괜찮아요 It's okay because I have friends who are like family … 128
- 2과 설날에는 떡국을 먹는다 We eat tteokguk on Lunar New Year's Day … 134

부록 Appendix … 143

교재 구성표 | Scope and Sequence

단원 Unit		어휘 Vocabulary	핵심 표현 Key Expression	말하기 Speaking
1 계획 Plans	1과 방학 동안 뭐 할 거예요? What are you going to do during school break?	기간과 계획 Duration and Plans	• N 동안 • V-는 게 어때요?	방학 계획에 대해 이야기하기 Talking about plans during school break
	2과 제가 예약할게요 I'll make a reservation	일정 Schedule	• A/V-(으)니까, N(이)니까 • V-(으)ㄹ게요	친구들과의 모임 계획하기 Planning a gathering with friends
2 문의 Inquiry	1과 기숙사로 이사하려고 해요 I'm planning on moving to a dormitory	주거 조건 Living Conditions	• V-(으)려고 하다 • V-아/어 주다	기숙사에 대한 정보 묻고 답하기 Asking and answering about dormitory information
	2과 등록금을 언제까지 내야 되나요? When do I have to pay tuition by?	문의 Inquiry	• N(이)나 • A-(으)ㄴ가요?, V-나요?, N인가요?	수업 신청에 대해 문의하기 Inquiring about class registration
3 경험 Experiences	1과 노량진수산시장에 가 봤어요? Have you been to Noryangjin Fish Market?	경험 Experiences	• V-아/어 봤어요 • V-(으)ㄴ 적이 있다/없다	경험 유무에 대해 이야기하기 Talking about the existence of an experience
	2과 뮤지컬을 봤는데 정말 재미있었어요 I saw a musical and it was really fun	공연 Performance	• A/V-았을/었을 때 • A-(으)ㄴ데, V-는데, N인데 1	여행 경험 이야기하기 Talking about travel experiences
4 취업 Employment	1과 컴퓨터 회사에서 일한 적이 있습니다 I've worked at a computer company	취업 과정 Employment Process	• A/V-ㅂ니다/습니다, N입니다 • V-(으)ㄴ N	취업 면접하기 Having a job interview
	2과 지금 다니는 회사보다 연봉이 많아요 The salary is higher than my current job	근무 조건과 취업 조건 Working Conditions and Employment Conditions	• N보다 • V-(으)ㄹ 줄 알다/모르다	근무 조건과 면접에 대해 이야기하기 Talking about working conditions and interviews
5 건강 Health	1과 건강에 관심이 많네요 You're very interested in health	건강과 생활 습관 Health and Lifestyle	• A-게 • A/V-네요	건강에 대해 이야기하기 Talking about health
	2과 몸살이 난 것 같아요 I feel like I'm aching all over	증상 Symptoms	• V-(으)ㄴ, 는, (으)ㄹ 것 같다 • A-(으)ㄴ, (으)ㄹ 것 같다	병원에서 증상 말하기 Explaining symptoms at the hospital

듣기 Listening	과제 Tasks and Activities	읽고 쓰기 Reading and Writing
방학 계획에 대한 대화 듣기 Listening to conversations about plans during school break 주말 계획에 대한 대화 듣기 Listening to a conversation about weekend plans	고민 듣고 조언하기 Listening to concerns and giving advice	동아리를 소개하는 글 읽기 Reading an introduction of an activity club 동아리를 소개하는 글 쓰기 Writing an introduction of an activity club
약속 시간에 대한 대화 듣기 Listening to a conversation about meeting time 여행 계획에 대한 대화 듣기 Listening to a conversation about travel plans	여행 정보를 찾고 일정 짜기 Looking up travel information and making a schedule	
도움 상황에 대해 듣기 Listening to a situation about help 부동산에 문의하는 대화 듣기 Listening to a phone inquiry with a real estate agent	친구의 도움 요청에 대해 해결책 찾기 Finding solutions to friends' request for help	예약 변경 문의하는 글 읽기 Reading an inquiry about changing reservations
도서관 이용에 대해 문의하는 대화 듣기 Listening to an inquiry about how to use the library 수영 수업에 대해 문의하는 대화 듣기 Listening to a conversation about swimming classes 라디오 캠페인 듣기 Listening to a radio campaign	고향에 대한 다양한 정보 묻고 답하기 Asking and answering various questions about hometowns	다양한 정보에 대해 문의하는 글 쓰기 Writing to inquire about various information
친구와 가 볼 만한 곳 알아보는 대화 듣기 Listening to a conversation about friends looking up information about places worth visiting 실수한 경험 듣기 Listening to experiences about making mistakes	특별한 경험에 대해 이야기하기 Talking about special experiences	경복궁 관람에 대한 글 읽기 Reading about visiting Gyeongbok-gung Palace
주말에 한 일에 대한 대화 듣기 Listening to a conversation about what happened on the weekend 학교 축제에 대한 대화 듣기 Listening to a conversation about a school festival 홈스테이 경험에 대해 듣기 Listening to a homestay experience	처음 겪었던 일에 대해 이야기하기 Talking about the first time you experienced something	기억에 남는 곳에 대한 글 쓰기 Writing about a memorable place
취직 선물에 대한 대화 듣기 Listening to a conversation about giving a gift to someone for getting a job 지난 방학 때 한 일에 대한 발표 듣기 Listening to a presentation about what happened last school break	주제를 정해 발표하기 Deciding on a topic and presenting it	이력서 읽기 Reading a resume
이직하려는 회사의 근무 조건에 대한 대화 듣기 Listening to a conversation about the working conditions of a company that someone wants to get a job at 아르바이트 광고 보고 문의하는 대화 듣기 Listening to a phone conversation about an inquiry regarding a part-time job advertisement	취업 상담하기 Employment counseling	이력서 쓰기 Writing a resume
생활 습관에 대한 대화 듣기 Listening to a conversation about lifestyle 병원 예약에 대한 대화 듣기 Listening to a medical appointment made by phone 건강한 생활 습관에 대한 인터뷰 듣기 Listening to an interview about a healthy lifestyle	주사위 게임하기 Playing a dice game	'엄마 손은 약손'에 대한 만화 읽기 Reading a cartoon about the meaning of 'Mother's hand is like medicine'
병원 진료에 대한 대화 듣기 Listening to a conversation about a medical consultation 안내 방송 듣기 Listening to an announcement 휴식에 대한 대화 듣기 Listening to a conversation about relaxation	동작 보고 추측하기 Playing a miming game	민간요법에 대한 글 쓰기 Writing about folk remedies

단원 Unit		어휘 Vocabulary	핵심 표현 Key Expression	말하기 Speaking
6 고장 Broken	1과 노트북 화면이 안 나와요 My laptop screen won't turn on	고장 상태 Broken Status	• V-다가 • N 때문에	서비스 센터에 대해 묻고 답하기 Asking and answering about repair centers
	2과 세탁기가 고장 나서 전화 드렸어요 I called because my washing machine is broken	수리 Repairs	• A-(으)ㄴ데, V-는데, N인데 2 • V-(으)ㄹ N	서비스 센터에 전화하기 Calling repair centers
7 모임 Gatherings	1과 금요일에 신입생 환영회에 갈 거예요? Are you going to the freshmen welcome party on Friday?	모임의 종류 Types of Gatherings	• A/V-(으)ㄹ까요? • A/V-(으)ㄹ 거예요	신입생 환영회에 대해 묻고 답하기 Asking and answering about freshmen welcome party
	2과 우리 같은 신입생이니까 말 놓을까요? Since we're both freshmen, shall we speak casually?	관계와 말 Relationships and Speech	• 반말(A/V-아/어, N(이)야, A/V-았어/었어) • 반말(A/V-(으)ㄹ 거야, V-아/어, V-자)	처음 만난 사람과 말 놓기 Speaking casually with a person you met for the first time
8 변화 Change	1과 부산에서 살다가 서울로 오게 됐어 We were living in Busan and ended up moving to Seoul	일생 Lifetime	• A-아지다/어지다 • V-게 되다	성장 과정에 대해 이야기하기 Talking about the growth process
	2과 대학교를 졸업한 후에 뭐 하고 싶어요? What do you want to do after you graduate college?	변화 Change	• V-기 전에 • V-(으)ㄴ 후에	한국 생활에 대해 이야기하기 Talking about Korean life
9 명절 Holidays	1과 가족처럼 지내는 친구들이 있어서 괜찮아요 It's okay because I have friends who are like family	명절에 하는 일 1 Things done during Holidays 1	• N처럼 • A/V-겠-	추석에 대해 이야기하기 Talking about Korean Thanksgiving Day
	2과 설날에는 떡국을 먹는다 We eat tteokguk on Lunar New Year's Day	명절에 하는 일 2 Things done during Holidays 2	• A-다, V-ㄴ다/는다, N(이)다 • A/V-았다/었다, V-(으)ㄹ 것이다	설날에 대해 기술하기 Describing Lunar New Year's Day

듣기 Listening	과제 Tasks and Activities	읽고 쓰기 Reading and Writing
고장 난 상태에 대한 대화 듣기 Listening to conversations about the broken state of items 교통편에 대한 대화 듣기 Listening to a conversation about public transportation 약속 장소에 대한 대화 듣기 Listening to a conversation about a meeting place	카드 조합해서 문장 만들기 Combining cards and making sentences	세탁기 사용 시 주의사항 읽기 Reading the precautions when using the washing machine 자주 쓰는 전자제품의 주의사항 쓰기 Writing the precautions of a frequently used electronic device
휴대폰에 대한 대화 듣기 Listening to a conversation about mobile phones 박물관 관람 정보에 대한 대화 듣기 Listening to a conversation about museum viewing information	그림 보고 차이점 이야기하기 Talking about the differences between pictures	
모임 약속에 대한 대화 듣기 Listening to conversations about meeting plans 독서 모임에 대한 대화 듣기 Listening to a conversation about a book discussion club 친구 집 방문에 대한 대화 듣기 Listening to a conversation about visiting a friend's house	반 친구들에 대해 추측하기 Guessing about your classmates	친구에게 고민 상담하는 이메일 읽기 Reading an email from a friend about his concerns
화자와 청자의 관계를 나타내는 대화 듣기 Listening to conversations that represent the relationship between the speaker and the listener 제삼자의 연락처를 요청하는 대화 듣기 Listening to a phone conversation where someone asks for a third-party's phone number 주말 활동에 대한 대화 듣기 Listening to a conversation about weekend activities	가상의 동창회를 가정하고 안부 묻고 답하기 Imagining holding a virtual class reunion and ask how everyone is doing	친구의 고민에 조언하는 이메일 쓰기 Writing an email giving advice about a friend's concerns
일기 예보 듣기 Listening to weather forecasts 새로 개업한 식당에 대한 대화 듣기 Listening to a conversation about a new restaurant 혼자 살게 된 후의 변화에 대한 대화 듣기 Listening to a conversation about change after living alone	미래의 일을 상상하고 그에 따른 변화 이야기하기 Imagining future events and talking about change	1인 가구의 증가에 대한 글 읽기 Reading about the increase in single-person households
한국에 온 후의 변화에 대한 대화 듣기 Listening to conversations about change after coming to Korea 학교의 역사에 대한 대화 듣기 Listening to a conversation about school history 생활 습관과 그 영향에 대한 방송 듣기 Listening to a broadcast about lifestyle and its effects	학교를 소개하는 투어 코스 만들어 발표하기 Creating a tour that introduces your school and presenting it to the class	자기 나라에서 일어난 변화에 대한 글 쓰기 Writing about changes in your own country
상황에 대해 추측하는 대화 듣기 Listening to conversations of people guessing about situations 장래 희망에 대한 대화 듣기 Listening to a conversation about future hopes 추석 연휴에 할 일에 대한 대화 듣기 Listening to a conversation about things to do during Korean Thanksgiving holiday	윷놀이 하기 Playing a traditional Korean game 'Yut'	떡국의 의미에 대한 글 읽기 Reading about the meaning of tteokguk
백화점 세일 기간에 대해 듣기 Listening to an announcement about a department store's sale period 미용실에서의 대화 듣기 Listening to a conversation at a beauty salon 새로운 명절 풍토에 대한 뉴스 듣기 Listening to news about the new holiday climate	세배하기 Bowing on Lunar New Year's Day	자기 나라의 명절 음식에 대한 글 쓰기 Writing about your holiday foods

1 계획 Plans

1과 방학 동안 뭐 할 거예요?
What are you going to do during school break?

- 방학 계획하기
  Planning a school break
- 가벼운 사안에 대해 제안하기
  Suggesting about lighter issues

어휘 Vocabulary

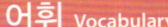

일 day   주(일) week   달/개월 month   기간 period (of time)
알아보다 to inquire   계획을 세우다 to make a plan

핵심 표현 Key Expression ❶ | N 동안

A 얼마 동안 아르바이트를 했어요?
B 한 달 동안 했어요.

A: How long did you work at your part-time job?
B: I worked for a month.

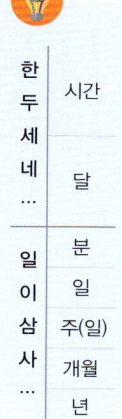

한 두 세 네 …	시간
	달
일 이 삼 사 …	분
	일
	주(일)
	개월
	년

 그림을 보고 보기 와 같이 이야기해 보세요.
Create dialogues for the following pictures as shown in the example.

보기
여행하다 / 일주일
얼마 동안 여행했어요?
일주일 동안 여행했어요.

1)
회사에서 일하다 / 2주

2)
기숙사에 살다 / 3개월

3)
한국어를 배우다 / 6개월

4)
영어를 가르치다 / 1년

🔍 N 동안

'동안' is used after a time or period noun to indicate the time at which an action or state continues. When used in conjunction with '1일, 2일', it is more common to use '하루, 이틀'.

어제 세 시간 동안 공부했어요. | 삼 주 동안 유럽에서 여행을 했어요.

1-1. 방학 동안 뭐 할 거예요? | 17

핵심 표현 Key Expression ❷ | V-는 게 어때요?

Track 02

A 이번 주말에 같이 공원에 가는 게 어때요?
B 네, 좋아요.

A: Why don't we go to the park this weekend?
B: Okay, sounds good.

 보기 와 같이 이야기해 보세요.
Create dialogues as shown in the example.

영화를 보다

쇼핑하다

공부하다

요리하다

노래방에 가다

자전거를 타다

배드민턴을 치다

케이크를 만들다

보기

우리 이번 주말에 영화 보는 게 어때요?

네, 좋아요. 같이 봐요.

미안해요. 저는 주말에 약속이 있어요.

V-는 게 어때요?

'-는 게 어때요?' is used to suggest or recommend something.

우리 조금 일찍 출발하는 게 어때요?
인터넷으로 한국어 수업을 듣는 게 어때요?

미나 씨, 이 책을 사는 게 어때요?
이번 주말에 같이 한국 음식을 만드는 게 어때요?

말하기 Speaking

유카 양양 씨, 이제 곧 방학이에요. 방학 동안 뭐 할 거예요?
양양 저는 방학에 운전면허를 딸 거예요.
유카 아, 그래요? 저도 운전면허를 따고 싶어요.
양양 그럼 우리 같이 운전 학원에 다니는 게 어때요?
유카 그거 좋은 생각이에요. 어느 운전 학원이 좋아요?
양양 제가 알아본 곳이 있으니까 내일 같이 가 보는 게 어때요?
유카 네, 좋아요. 그럼 내일 다시 이야기해요.

'-는 게 어때요?'에 대한 긍정의 대답으로 '그게 좋겠어요'나 '그거 좋은 생각이에요'를 자주 사용한다.

When answering yes to a '-는 게 어때요?', '그게 좋겠어요' or '그거 좋은 생각이에요' are often used.

 친구와 이야기해 보세요. Create conversations using the following words with your partner.

1) 운전면허를 따다
 운전 학원에 다니다
 운전 학원

2) 제주도를 여행하다

 여행을 준비하다
 여행사

3) 한국 요리를 배우다

 요리 수업을 알아보다
 요리 학원

4) 운동하다

 스포츠 센터에 등록하다
 스포츠 센터

새 단어 New Vocabulary 운전면허 driver's license   따다 to get, to earn   등록하다 to register

듣기 Listening

1. 방학 동안 뭘 할 거예요? 잘 듣고 알맞은 그림을 연결하세요.
What are they going to do during school vacation? Connect the name of the person to the correct activity.

Track 04

1) 유카 •   • ①

2) 케빈 •   • ②

3) 양양 •   • ③

4) 에밀리 •   • ④

• ⑤

2. 잘 듣고 질문에 답하세요. Listen to the conversation and answer the questions.

Track 05

1) 두 사람은 내일 만나서 뭘 할 거예요? What are the two people going to do after they meet up?

①    ②    ③

2) 맞으면 O, 틀리면 ×표 하세요. If the statement is correct, write ○. If not, then write ×.

① 남자의 부모님은 불고기를 좋아해요. (   )
② 이번 주에 남자는 부모님을 만나러 고향에 가요. (   )
③ 여자는 불고기 만드는 방법을 남자한테 알려 줄 거예요. (   )

새 단어 New Vocabulary: 방법 method   알리다 to inform

정답 | 1. 1) ② 2) ⑤ 3) ③ 4) ④   2. 1) ② 2) ① (○) ② (×) ③ (○)

과제 Tasks and Activities

 여러분의 고민을 이야기하고 친구들의 조언을 받아 보세요.
Talk about your concerns and get advice from your classmates.

1. 여러분은 무슨 고민이 있어요? 고민을 종이에 써 보세요.
What kind of concerns do you have? Write them down on a piece of paper.

2. 네 명씩 모여서 그룹을 만드세요. 각자의 고민을 말하고 서로의 고민에 대해 어떻게 조언할 수 있을지 생각해 보세요.
Form groups of four people. Share your concerns and think about how you can advise each other about their concerns.

3. 친구의 고민에 대해 차례대로 조언을 해 주세요. 고민을 말한 사람은 친구들의 조언 중 제일 도움이 되는 것을 하나 뽑아 보세요. Take turns advising your group members about their concerns. Then, each person chooses the best piece of advice that was given.

새 단어 New Vocabulary 생활비 living expenses   모자라다 to be insufficient   싸우다 to fight, to quarrel   책값 price of a book
교통비 transportation expenses   줄이다 to reduce, to cut down

1-1. 방학 동안 뭐 할 거예요?   21

1 계획 Plans

2과 제가 예약할게요
I'll make a reservation

- 계획에 대해 의논하기 Discussing plans
- 의지 표명하기 Expressing will

어휘 Vocabulary

출발하다 to depart   도착하다 to arrive
일정을 짜다 to make a schedule   떠나다 to leave   돌아오다 to come back

핵심 표현 Key Expression ❶ | A/V-(으)니까, N(이)니까

A 저는 오늘 약속이 있어서 7시까지 강남역에 가야 돼요.
B 그래요? 길이 막히니까 지하철을 타고 가세요.

A: I have plans today, so I have to be at Gangnam Station by 7 o'clock.
B: Is that so? The roads are jammed, so take the subway.

 그림을 보고 보기 와 같이 이야기해 보세요.
Create dialogues for the following pictures as shown in the example.

A/V-(으)니까, N(이)니까

'-(으)니까' indicates that the preceding content is the reason or grounds for a subsequent result. In the case of a noun, use '(이)니까'.

비가 오니까 우산을 가지고 가세요.
다음 주부터 휴가니까 같이 제주도에 갈까요?

배고프니까 밥 먼저 먹읍시다.
날씨가 더우니까 냉면을 먹을까요?

새 단어 New Vocabulary   강남역 Gangnam subway station   길이 막히다 for a road to be jammed

핵심 표현 Key Expression ❷ | V-(으)ㄹ게요

A 우리 내일 영화 볼까요?
B 좋아요. 제가 영화표를 예매할게요.

A: Shall we watch a movie tomorrow?
B: Sure. I'll book the tickets.

💬 친구들과 캠핑을 하려고 합니다. 보기 와 같이 이야기해 보세요.
You're going camping with your friends. Create dialogues with your classmates as shown in the example.

운전하다

과일을 사다

음료수를 가져가다

텐트를 준비하다

음식을 만들다

캠핑장을 알아보다

설거지를 하다

?

보기
운전은 누가 할 거예요?
제가 운전할게요.
그럼 제가 텐트를 준비할게요.

🔍 V-(으)ㄹ게요

'-(으)ㄹ게요' is used by the speaker to express their will to do something.

A: 내일은 늦지 마세요.　　　　　　　제가 선물을 준비할게요.
B: 네, 일찍 갈게요.　　　　　　　　제가 전화를 받을게요.

새 단어 New Vocabulary　영화표 movie ticket　가져가다 to take　텐트 tent　캠핑장 camping site　설거지 dish-washing

말하기 Speaking

양양	시험이 끝났으니까 다 같이 밥 한번 먹는 게 어때요?
에바	그거 좋은 생각이에요. 그럼 언제가 좋아요?
올리버	이번 주 금요일 어때요?
양양	좋아요. 어디에서 먹을까요?
에바	하나식당이 분위기가 좋으니까 거기로 가요.
올리버	네, 몇 시에 만날까요?
양양	5시쯤 만나는 게 어때요?
에바	그게 좋겠어요. 그럼 제가 식당을 예약할게요.

친구와 이야기해 보세요. Create conversations using the following words with your partner.

1)	2)	3)	4)
시험이 끝나다	같은 반이 되다	새 친구가 오다	다음 주가 방학이다
분위기가 좋다	음식이 맛있다	학교에서 가깝다	크고 깨끗하다
식당을 예약하다	메뉴를 알아보다	다른 친구들한테 연락하다	식당 위치를 문자로 보내다

새 단어 New Vocabulary 다 all   분위기 atmosphere   새 new   위치 location

듣기 Listening

1. 잘 듣고 질문에 답하세요.
Listen to the conversation and answer the questions.

Track 09

1) 여자는 몇 시까지 도착해야 돼요? What time does the woman have to arrive by?

　① 6시 반　　　　　② 6시 50분　　　　　③ 7시

2) 남자는 지금 뭘 하고 있어요? What is the man doing now?

3) 맞으면 ○, 틀리면 ×표 하세요. If the statement is correct, write ○. If not, then write ×.

　① 공연은 7시에 시작해요.　　　　　　　　　　(　　)
　② 여자는 택시를 못 탔어요.　　　　　　　　　　(　　)
　③ 여자는 아직 퇴근을 못 했어요.　　　　　　　　(　　)

2. 잘 듣고 질문에 답하세요.
Listen to the conversation and answer the questions.

Track 10

1) 맞으면 ○, 틀리면 ×표 하세요. If the statement is correct, write ○. If not, then write ×.

　① 여자는 여행 일정을 다 짰어요.　　　　　　　　(　　)
　② 여자는 제주도에 여러 번 갔어요.　　　　　　　(　　)
　③ 여자는 일주일 동안 여행할 거예요.　　　　　　(　　)

2) 남자는 왜 같이 여행을 못 가요? Why can't the man go on the trip with the other people?

　① 비행기표가 없어서
　② 시험 준비를 해야 돼서
　③ 여행을 별로 안 좋아해서

| 새 단어 New Vocabulary | 번 time, occasion |

정답 | 1. 1) ② 2) ③ 3) ① (○) ② (×) ③ (×)　2. 1) ① (×) ② (×) ③ (○) 2) ②

과제 Tasks and Activities

 여러분이 가고 싶은 나라는 어디예요? 계획을 세우고 그곳에 대해 잘 아는 친구의 도움을 받아 계획을 완성해 보세요.
Which country would you like to visit? Make a plan and complete it with the help of a classmate who knows the country well.

1. 여러분 반 친구들은 어느 나라에서 왔어요? 친구들의 고향 중 가 보고 싶은 곳과 여행 기간을 정해 보세요.
Where are your classmates from? Of their home countries, choose one that you would like to visit and decide how long you will stay there for.

> **활동지**
> ◯ p. 144

가고 싶은 나라	베트남
여행 기간	여름 방학(2주 동안)
교통편	?
숙소	?
유명한 곳	?

2. 여러분이 가 보고 싶은 나라에서 온 친구를 찾으세요. 그리고 그 친구에게 교통편과 숙소, 그 나라의 명소에 대해 들어보고 일정을 완성하세요.
Find a classmate who is from the country you want to visit. Ask them about transportation, accommodation, and attractions in their country. Then, complete your schedule.

저는 방학 동안 베트남에 가려고 해요. 베트남에서 어떤 교통편을 이용하면 좋을까요?

버스는 사람이 많고 복잡하니까 택시를 타는 게 어때요?

3. 여러분의 계획을 발표해 보세요. Present your travel plans to the class.

제가 가고 싶은 나라는 베트남이에요.

저는 2주 동안 베트남에서 여행하려고 해요. 그리고 ……

1-2. 제가 예약할게요

읽고 쓰기 Reading and Writing

1. 다음을 읽고 질문에 답하세요.
Read the following passage and answer the questions.

에바
7월 13일

등산을 좋아하세요?

　안녕하세요? 저는 서울대학교 교환 학생 에바예요. 여러분, 등산을 좋아하세요? 등산을 좋아하면 우리 등산 동아리에 오세요. 우리 동아리는 매주 일요일에 같이 등산을 해요. 보통 서울이나 서울 근처에 있는 산에 가요.
　등산이 끝나면 같이 점심을 먹으면서 이야기를 해요. 등산도 하고 친구들도 만날 수 있으니까 관심이 있으면 아래 연락처로 연락해 주세요. 전화를 안 받으면 문자 남겨 주세요. 제가 바로 연락할게요.

에바 010 0912 2088

1) 에바 씨는 왜 이 글을 썼어요?
Why was the passage written?

① 동아리를 만들려고
② 동아리를 알리려고
③ 동아리에 들어가려고

2) 맞으면 ○, 틀리면 ×표 하세요.
If the statement is correct, write ○. If not, then write ×.

① 이 사람은 서울대학교에 다녀요. (　　)
② 이 동아리에 가면 친구들을 만날 수 있어요. (　　)
③ 이 동아리는 한 달에 한 번 같이 등산을 해요. (　　)

2. 다음 동아리 중 하나를 골라 동아리를 소개하는 글을 써 보세요.
Choose one of the following clubs and write an introduction about it.

한국어 공부 동아리 　　축구 동아리 　　등산 동아리

새 단어 New Vocabulary
교환 학생 exchange student　매주 every week　관심 interest
연락처 contact information　남기다 to leave　들어가다 to join

정답 | 1. 1) ② 2) ① (○) ② (○) ③ (×)

대화 Conversation

1과 방학 동안 뭐 할 거예요?
What are you going to do during school break?

Yuka	Yangyang, it's school vacation soon. What are you going to do during vacation?
Yangyang	I'm going to get my driver's license.
Yuka	Ah, is that so? I want to get one too.
Yangyang	Well, how about attending driving school together?
Yuka	That's a good idea. Where's a good driving school?
Yangyang	Why don't you come with me tomorrow to the place that I found?
Yuka	Okay, sounds good. Let's talk again tomorrow then.

2과 제가 예약할게요
I'll make a reservation

Yangyang	Since the test is over, how about having a meal altogether?
Eva	That's a good idea. Then, when is a good time?
Oliver	How about this Friday?
Yangyang	Okay. Where shall we go?
Eva	The atmosphere is nice at Hana Restaurant, so let's go there.
Oliver	Alright. What time shall we meet?
Yangyang	Why don't we meet around 5 o'clock?
Eva	That sounds good. I'll reserve a table then.

2 문의 Inquiry

1과 기숙사로 이사하려고 해요
I'm planning on moving to a dormitory

- 생활 정보 구하기 Seeking information on life
- 생활 정보 제공하기 Providing information on life

어휘 Vocabulary

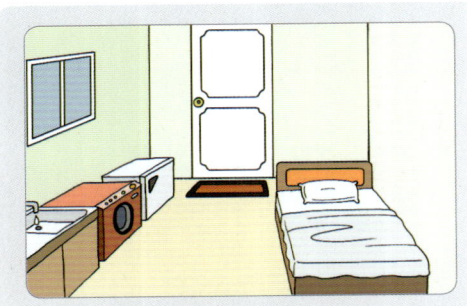

월세 : 한 달에 30만 원
시설 : 냉장고, 세탁기
관리비: 5만 원 (인터넷 ×)

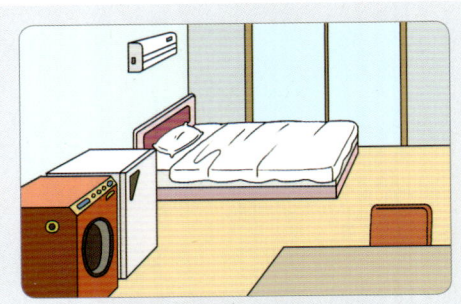

월세 : 한 달에 60만 원
시설 : 냉장고, 에어컨, 세탁기
관리비: 10만 원 (인터넷 ○)

버스 정류장

지하철역

관리비

월세 : 한 달에 45만 원
시설 : 냉장고, 에어컨, 세탁기
관리비: 5만 원 (인터넷 ×)

월세가 싸다 / 비싸다 for rent to be inexpensive / expensive
관리비가 싸다 / 비싸다 for maintenance fee to be inexpensive / expensive
시설이 좋다 / 안 좋다 for facility to be good / not be good
교통이 편리하다 / 불편하다 for transportation to be convenient / inconvenient
인터넷이 되다 / 안 되다 for internet to work / not work

핵심 표현 Key Expression ❶ | V-(으)려고 하다

Track 11

A 어떻게 오셨어요?
B 기숙사를 신청하려고 하는데요.

A: What brought you here?
B: I'd like to apply for the dormitory.

💬 **보기** 와 같이 여러분의 계획을 이야기해 보세요.
Tell your plans to your classmates as shown in the example.

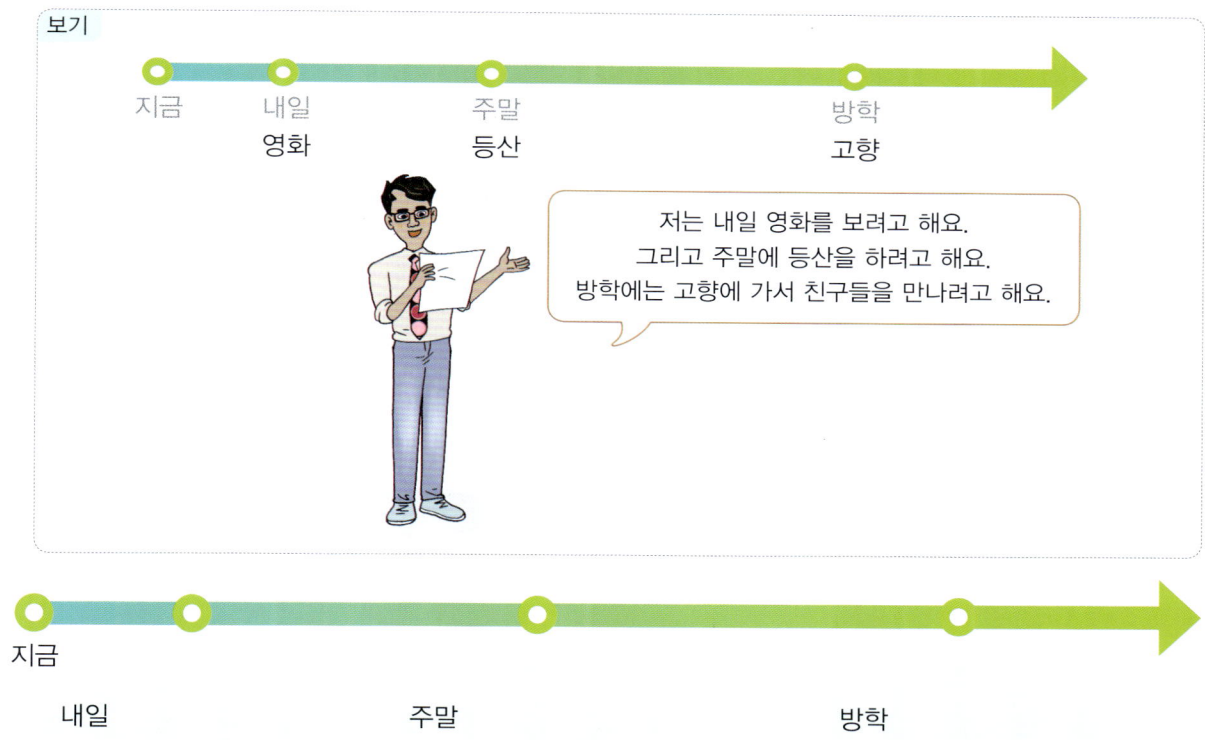

보기

지금 — 내일 — 주말 — 방학
　　　영화　　등산　　고향

저는 내일 영화를 보려고 해요.
그리고 주말에 등산을 하려고 해요.
방학에는 고향에 가서 친구들을 만나려고 해요.

지금 — 내일 — 주말 — 방학

🔍 **V-(으)려고 하다**

'-(으)려고 하다' is used to indicate that there is an intention or plan to do something.
시험이 끝나면 고향에 가려고 해요. | 이번 주말까지 이 책을 다 읽으려고 해요.

핵심 표현 Key Expression ❷ | V-아/어 주다

Track 12

A 죄송하지만 문 좀 열어 주실 수 있어요?
B 네, 제가 열어 드릴게요.

A: I'm sorry, but could you please open the door?
B: Sure. I'll open it.

 그림을 보고 보기 와 같이 이야기해 보세요.
Create dialogues for the following pictures as shown in the example.

보기
친구 / 커피 / 사다
친구한테 커피를 사 줬어요.

1)
동생 / 한글 / 가르치다

2)
아이 / 책 / 읽다

3)
부모님 / 케이크 / 만들다

V-아/어 주다

'-아/어 주다' indicates doing something to help others.

동생한테 선물을 사 줬어요.　　　　　　　동생이 제 방을 청소해 줬어요.
제가 사진 찍어 드릴까요?　　　　　　　　제가 친구의 숙제를 도와줬어요.

새 단어
New Vocabulary
죄송하다 to be sorry　　드리다 to give (humble form)　　한글 Hangeul (the Korean alphabet)　　아이 child
도와주다 to help

말하기 Speaking

케빈 유카 씨, 기숙사에 살지요?
유카 네, 지난 학기부터 살고 있어요.
케빈 저도 다음 학기에 기숙사로 이사하려고 해요.
      그런데 기숙사에서 요리할 수 있어요?
유카 아니요, 못 해요. 기숙사 1층에 식당이 있어요.
케빈 식당은 몇 시까지 해요?
유카 밤 10시까지 해요.
케빈 세탁실도 있어요?
유카 네, 2층에 있어요. 나중에 제가 안내해 줄게요.

친구와 이야기해 보세요. Create conversations using the following words with your partner.

1) 기숙사로 이사하다

세탁실
안내하다

2) 기숙사를 신청하다

편의점
가르치다

3) 기숙사를 알아보다

헬스장
알리다

4) 기숙사에서 살다

휴게실
설명하다

새 단어
New Vocabulary
학기 semester   세탁실 laundry room   안내하다 to guide   편의점 convenience store
헬스장 gym, fitness center   휴게실 lounge   설명하다 to explain

듣기 Listening

1. 친구들이 어떻게 이 사람을 도와줬어요? 잘 듣고 알맞은 그림을 연결하세요.
How did the friends help the person? Connect the name of the person to the correct picture.

Track 14

1) 민준 •
2) 유카 •
3) 안나 •
4) 케빈 •

2. 잘 듣고 질문에 답하세요. Listen to the conversation and answer the questions.

Track 15

1) 남자가 보려고 하는 집을 고르세요. Choose the house that the man is going to go look at.

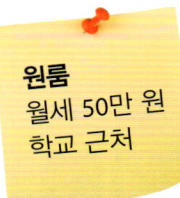

① 아파트
월세 50만 원
인터넷 포함

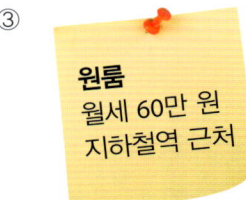

② 원룸
월세 50만 원
학교 근처

③ 원룸
월세 60만 원
지하철역 근처

2) 맞으면 ○, 틀리면 ×표 하세요. If the statement is correct, write ○. If not, then write ×.

① 관리비는 월세에 포함돼요. (　　)
② 여자는 내일 학교에 가야 해요. (　　)
③ 남자는 내일 오전에 부동산에 갈 수 없어요. (　　)

정답 |
1. 1) ④ 2) ③ 3) ① 4) ②
2. 1) ② 2) ① (○) ② (×) ③ (○)

새 단어 New Vocabulary

포함되다 to be included　　부동산 property, real estate　　집주인 landlord　　원룸 studio apartment

34　2. 문의

과제 Tasks and Activities

 친구가 문의하는 내용을 듣고 친구를 도와줄 수 있는 방법을 이야기해 보세요.
Listen to your partner's plans and tell them something that can help them.

1. 네 명씩 한 팀이 되어서 각자 이번 방학 때 하고 싶은 일을 종이에 쓰세요.
Form groups of 4 people. On a separate piece of paper, each person writes down what they want to do.

기타를 배우려고 해요.

아르바이트를 하려고 해요.

일본어를 배우려고 해요.

제주도로 여행 가려고 해요.

2. 친구가 쓴 계획을 보고 친구를 도와줄 수 있는 방법을 간단하게 메모해 보세요.
Look at your group members' plans and draw a brainstorming map on what would be helpful for each one of them.

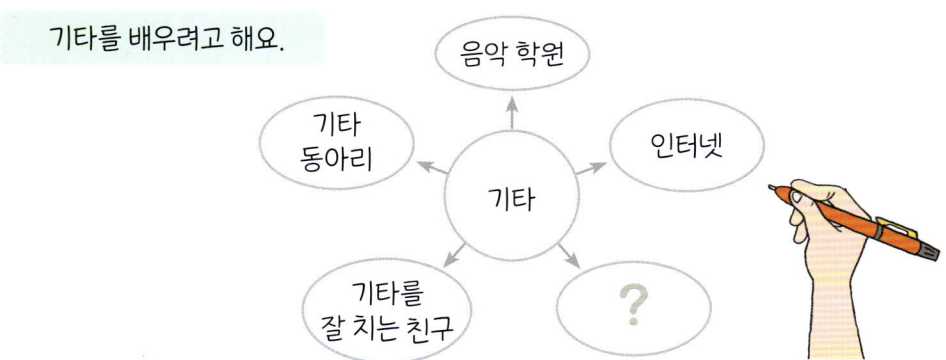

3. 앞에서 메모한 것을 바탕으로 친구의 계획을 도와줄 수 있는 방법을 자세하게 이야기해 보세요.
Based on the notes you wrote, discuss in detail about what would be helpful for them.

| 새 단어 New Vocabulary | 소개하다 to introduce |

2 문의 Inquiry

2과 등록금을 언제까지 내야 되나요?
When do I have to pay tuition by?

• 학교생활에 대해 묻고 답하기
Asking and answering about school life

어휘 Vocabulary

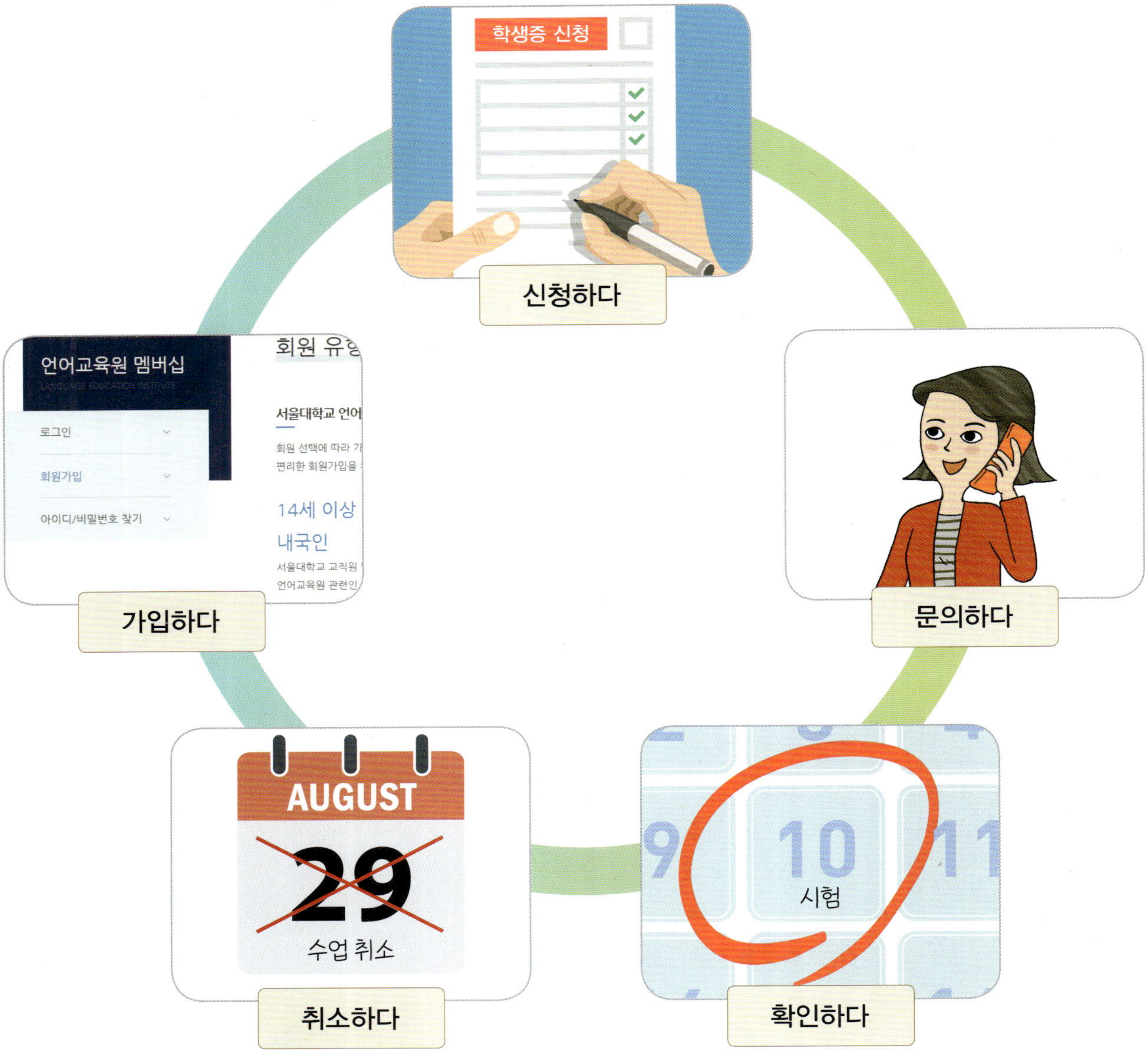

신청하다

문의하다

확인하다

취소하다

가입하다

가입하다 to join, to sign up   신청하다 to apply   문의하다 to inquire
확인하다 to confirm   취소하다 to cancel

핵심 표현 Key Expression ❶ | N(이)나

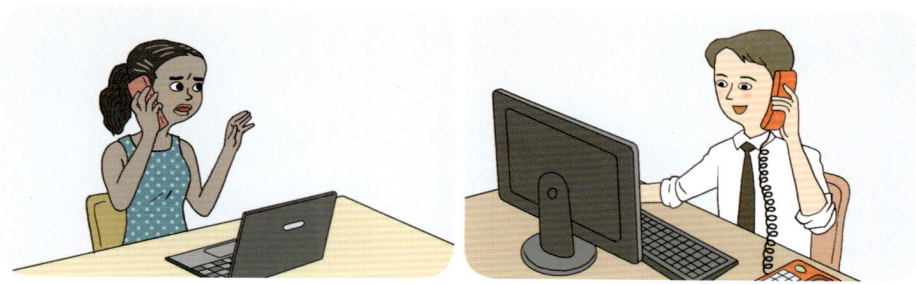

A 홈페이지에서 세 번이나 회원 가입을 하려고 했어요. 그런데 회원 가입이 안 돼요.
B 아, 그러세요? 성함이 어떻게 되세요?

A: I tried to sign up three times on the website. But, it didn't work.
B: Ah, is that so? What's your name?

 그림을 보고 보기 와 같이 이야기해 보세요.
Create dialogues for the following pictures as shown in the example.

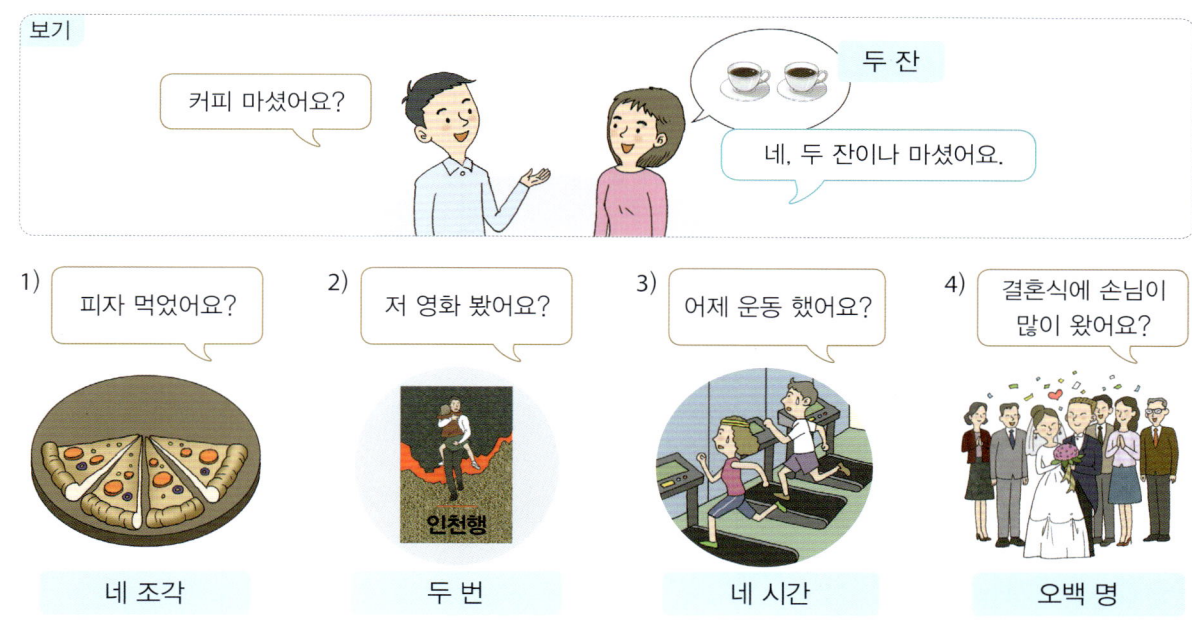

보기
커피 마셨어요?
두 잔
네, 두 잔이나 마셨어요.

1) 피자 먹었어요? — 네 조각
2) 저 영화 봤어요? — 두 번
3) 어제 운동 했어요? — 네 시간
4) 결혼식에 손님이 많이 왔어요? — 오백 명

🔍 **N(이)나**

'(이)나' indicates that the number or amount is bigger than or greater than expected.

도서관에서 책을 세 권이나 읽었어요.
친구를 두 시간이나 기다렸어요.

A: 빵 더 먹을래요?
B: 아니요. 세 개나 먹었어요.

새 단어 New Vocabulary 홈페이지 homepage   회원 member   결혼식 wedding ceremony

핵심 표현 Key Expression ❷ | A-(으)ㄴ가요?, V-나요?, N인가요?

Track 17

A 호텔에서 시내까지 얼마나 걸리나요?
B 택시로 10분쯤 걸려요.

A: How long does it take to get from the hotel to downtown?
B: It takes about 10 minutes by taxi.

💬 한 사람은 호텔 손님, 다른 한 사람은 호텔 직원이 되어서 보기 와 같이 이야기해 보세요.
One person acts as a hotel guest and the other person acts as a hotel employee. Create dialogues as shown in the example.

수영장/어디/있다   공항/얼마나/걸리다

셔틀버스/어디/타다   식당/몇 시/열다

체크아웃 시간/몇 시   ?

🔍 A-(으)ㄴ가요?, V-나요?, N인가요?

'-(으)ㄴ가요?, -나요?, 인가요?' are used to ask something gently and politely.

제주도는 요즘 날씨가 따뜻한가요?   기숙사 방이 넓은가요?
공연이 몇 시에 시작하나요?   투이 씨 고향은 어디인가요?

새 단어 New Vocabulary   시내 downtown   셔틀버스 shuttle bus   체크아웃 check out   넓다 to be spacious

말하기 Speaking

안나 양양 씨, 한국어 수업을 신청했어요?
양양 아니요, 아직 못 했어요.
안나 왜요? 인터넷으로 하면 돼요.
양양 세 번이나 했지만 신청이 안 됐어요.
안나 그래요? 그럼 제가 도와줄게요.
양양 고마워요. 그런데 등록금은 언제까지 내야 되나요?
안나 이번 주 금요일까지 내야 돼요.
양양 네, 알겠어요.

친구와 이야기해 보세요. Create conversations using the following words with your partner.

1)	2)	3)	4)
한국어 수업을 신청하다	수업 시간을 변경하다	동아리에 가입하다	기숙사를 신청하다
인터넷으로 하다	사무실에 전화하다	동아리 방에 가다	홈페이지에서 하다
신청이 안 되다	전화를 안 받다	사람이 없다	신청이 안 되다
등록금 / 내다	교과서 / 사다	수강 신청 / 하다	유학생 보험 / 가입하다

새 단어 New Vocabulary
등록금 tuition   사무실 office   교과서 textbook   동아리 방 activity club room   수강 신청 course registration
유학생 international student   보험 insurance

듣기 | Listening

1. 안나 씨는 도서관 이용에 대해 문의하고 있습니다. 잘 듣고 빈칸에 알맞은 말을 쓰세요.
Anna is inquiring about how to use the library. Listen to the instructions and write the correct words in the blanks.

📖 도서관 이용 안내

- 처음 오신 분은 회원 카드를 먼저 만드세요.
- **책 대출 기간**: (　　) 권까지, (　　) 주일 동안
- **이용 시간**: 오전 10시~오후 (　　) 시

서울도서관

2. 잘 듣고 질문에 답하세요.
Listen to the conversation and answer the questions.

1) 맞으면 ○, 틀리면 ×표 하세요. If the statement is correct, write ○. If not, then write ×.

① 수업료는 한 달에 6만 원이에요. (　　)
② 수영 수업은 저녁 7시에 시작해요. (　　)
③ 저녁 수업은 일주일에 두 번 있어요. (　　)

2) 저녁 수업은 무슨 요일에 있어요? 쓰세요. On which day of the week is evening class held? Write the answer.

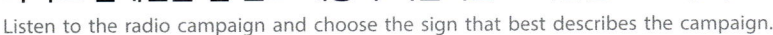

3. 라디오 캠페인을 잘 듣고 내용과 어울리는 표지판을 고르세요.
Listen to the radio campaign and choose the sign that best describes the campaign.

① 　② 　③

정답 | 1. (3), (1), (6) 2. 1) ① (X) ② (○) ③ (○) 2) 월요일, 수요일 3. ③

새 단어 / New Vocabulary: 이용 use, utilization　대출 lending　회원 카드 membership card　수업료 tuition, course fee

과제 Tasks and Activities

 우리 반 친구들의 고향에 대해 알아봅시다.
Find out where your classmates are from.

1. 자기의 이름과 고향을 쓰세요. 그리고 그것을 교실 벽에 붙이세요.
Write your name and hometown. Then, attach the paper to the classroom wall.

투이, 베트남, 하노이

기욤, 프랑스, 파리

2. 교실을 돌아다니면서 친구들이 벽에 붙여 놓은 종이에 궁금한 것을 쓰세요.
While walking around the classroom, write down on your classmates' papers something you would like to know about their hometown.

다쿠야, 일본, 도쿄

1. 요즘 일본의 날씨는 어떤가요?
2. 유명한 박물관은 어디에 있나요?
3. 도쿄에서 제일 인기 있는 여행지는 어디인가요?
4. _____.

3. 자기가 붙여 놓았던 종이를 가져와서 친구들이 쓴 질문에 대답해 보세요.
Take your own paper back to your seat and answer the questions that your classmates asked.

일본은 요즘 날씨가 따뜻해요. 그리고 ……

새 단어 New Vocabulary 하노이 Hanoi   도쿄 Tokyo   제일 first, most   인기 popularity   여행지 travel destination

읽고 쓰기 | Reading and Writing

1. 유카 씨는 펜션의 홈페이지에 글을 썼습니다. 다음을 읽고 질문에 답하세요.
Yuka wrote the following on a resort cabin's website. Read the following and answer the questions.

번호	제목	작성자	등록일
1	예약을 변경할 수 있나요?	유카	08-15
	안녕하세요? 며칠 전에 인터넷으로 방을 예약했어요. 그런데 방이 좀 작아서 큰 방으로 바꾸고 싶어요. 네 명이 사용할 수 있는 방으로 바꾸고 싶은데요. 지금도 바꿀 수 있나요? 추가 요금은 얼마인가요?		
	↳ Re: 예약을 변경할 수 있나요?	관리자	08-15
	네, 변경할 수 있어요. 지금 네 명이 사용할 수 있는 방이 남아 있어요. 추가 요금은 6만 원이에요. 빈방이 많지 않으니까 바꾸고 싶으시면 빨리 연락 주세요.		

1) 유카 씨는 왜 게시판에 글을 썼습니까? Why did Yuka write on the bulletin board?
  ① 예약을 취소하고 싶어서
  ② 예약을 변경하고 싶어서
  ③ 예약하는 방법을 문의하고 싶어서

2) 글의 내용으로 맞는 것을 고르세요. Choose the correct answer to the question from the passage above.
  ① 예약 날짜를 변경할 수 있어요.
  ② 지금 예약할 수 있는 방이 없어요.
  ③ 요금을 더 내면 방을 바꿀 수 있어요.

2. 다음 내용 중 하나를 골라 문의하는 글을 써 보세요.
Choose one of the following questions to write about.

바다가 보이는 방으로 바꿀 수 있나요?   펜션 근처에 큰 마트가 있나요?   자전거를 빌릴 수 있나요?

새 단어 / New Vocabulary: 변경하다 to change   남아 있다 to remain   추가 addition   빈방 vacancy   보이다 to be seen   펜션 resort cabin

대화 Conversation

1과 기숙사로 이사하려고 해요
I'm planning on moving to a dormitory

Kevin	Yuka, you live in a dormitory, don't you?
Yuka	Yes, I've been living there since last semester.
Kevin	I'm planning on moving to the dormitory next semester too. By the way, is cooking allowed in the dormitory?
Yuka	No, it isn't. There is a cafeteria on the 1st floor.
Kevin	Until what time is the cafeteria open?
Yuka	You can use it until 10 p.m.
Kevin	Is there a laundry room also?
Yuka	Yes, it's on the 2nd floor. I'll show you around later.

2과 등록금을 언제까지 내야 되나요?
When do I have to pay tuition by?

Anna	Yangyang, did you register for Korean class?
Yangyang	No, I couldn't yet.
Anna	Why not? You can do it on the internet.
Yangyang	I tried three times but it didn't work.
Anna	Is that so? Well, I'll help you then.
Yangyang	Thanks. By the way, when do I have to pay tuition by?
Anna	You have to pay by this Friday.
Yangyang	Okay, I got it.

3 경험 Experiences

1과 노량진수산시장에 가 봤어요?
Have you been to Noryangjin Fish Market?

• 다양한 경험 공유하기
  Sharing various experiences

어휘 Vocabulary

배낭여행

아르바이트

봉사 활동

어학연수

홈스테이

유학

배낭여행을 하다 to go backpacking
아르바이트를 하다 to work a part-time job
봉사 활동을 하다 to do volunteer work
어학연수를 하다 to study language abroad
홈스테이를 하다 to do a homestay
유학을 가다 to go study abroad

핵심 표현 Key Expression ❶ | V-아/어 봤어요

A 한국에서 어디에 가 봤어요?
B 제주도에 가 봤어요. 경치가 아주 아름다웠어요.

A: Where have you been in Korea?
B: I've been to Jejudo. The scenery was very beautiful.

💬 그림을 보고 보기 와 같이 이야기해 보세요.
Create dialogues for the following pictures as shown in the example.

비빔밥 / 먹다

1)
부산 / 가다

2)
배낭여행 / 하다

3)
한복 / 입다

4)
이 책 / 읽다

🔍 V-아/어 봤어요

'-아/어 봤어요' indicates that you have tried something in the past.

일본에 가 봤어요.
삼계탕을 먹어 봤어요.

봉사 활동을 해 봤어요?
이 노래를 전에 들어 봤어요.

새 단어
New Vocabulary   한복 traditional Korean clothing   삼계탕 ginseng chicken soup   전에 before

핵심 표현 Key Expression ❷ | V-(으)ㄴ 적이 있다/없다

Track 23

A 아르바이트를 한 적이 있어요?
B 네, 대학교에 다닐 때 아르바이트를 한 적이 있어요.

A: Have you ever worked part-time?
B: Yes, I worked part-time while in college.

 보기 와 같이 이야기해 보세요.
Create dialogues as shown in the example.

보기
어학연수를 한 적이 있어요?
아니요, 한 적이 없어요.
네, 한 적이 있어요.

어학연수를 하다   홈스테이를 하다   유명한 사람을 만나다

소개팅을 하다   유학을 가다   ?

🔍 V-(으)ㄴ 적이 있다/없다

'-(으)ㄴ 적이 있다/없다' indicates that you have/don't have experience in something.

병원에 입원한 적이 있어요.   지갑을 잃어버린 적이 있어요.
고등학교 때 장학금을 받은 적이 있어요.   전에 일본에 산 적이 있어요.

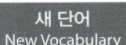 새 단어 New Vocabulary   소개팅 blind date   입원하다 to be hospitalized   잃어버리다 to lose (an item)

말하기 Speaking

케빈 팅팅 씨, 노량진수산시장에 가 봤어요?
팅팅 아니요, 가 본 적이 없어요. 한번 가 보고 싶어요.
케빈 그래요? 그럼 시간 있을 때 같이 가 볼까요?
팅팅 좋아요. 이번 주말은 어때요?
케빈 네, 좋아요. 우리 거기에서 생선회를 먹어 볼까요?
팅팅 좋은 생각이에요. 생선회도 먹고 시장 구경도 해요.

💬 **친구와 이야기해 보세요.** Create conversations using the following words with your partner.

1) 노량진수산시장 — 생선회/먹다 — 시장
2) 한강 공원 — 유람선/타다 — 공원
3) 남산 — N서울타워/올라가다 — 남산
4) 홍대 거리 — 길거리 공연/보다 — 거리

새 단어 New Vocabulary 생선회 raw fish   유람선 cruise ship   남산 Namsan Mountain   올라가다 to go up   홍대 거리 Hongdae street   길거리 공연 street performance

듣기 Listening

1. 잘 듣고 질문에 답하세요.
Listen to the conversation and answer the questions.

Track 25

1) 남자는 어디에 가 봤어요? 남자가 가 본 곳에 모두 표시하세요.
   Where has the man been? Choose all of the places that he has been.

①    ②    ③

한옥마을   남산   한강

2) 맞으면 ○, 틀리면 ×표 하세요. If the statement is correct, write ○. If not, then write ×.
   ① 주말에 남자의 부모님이 한국에 와요.   (   )
   ② 여자는 한강에서 유람선을 타 봤어요.   (   )
   ③ 두 사람은 주말에 같이 한강에 갈 거예요.   (   )

2. 잘 듣고 질문에 답하세요. Listen to the conversation and answer the questions.

Track 26

1) 맞으면 ○, 틀리면 ×표 하세요. If the statement is correct, write ○. If not, then write ×.
   ① 남자는 한국어를 가르쳐요.   (   )
   ② 남자는 학교생활이 즐거워요.   (   )
   ③ 남자는 한국에서 살고 있어요.   (   )

2) 남자는 어떤 실수를 했어요? What type of mistake did the man make?

_____

정답 | 1. 1) ①, ② 2) ① (×) ② (○) ③ (×)   2. 1) ① (×) ② (○) ③ (○) 2) 한국어 단어를 잘못 말했어요.

새 단어 / **New Vocabulary** 한옥마을 Hanok Village (a neighborhood of traditional houses in Seoul)   학교생활 school life   실수 mistake

과제 Tasks and Activities

 여러분이 해 본 특별한 경험을 이야기해 보세요.
Talk about the special things that you've experienced.

1. 여러분의 특별한 경험을 하나씩 쓴 후 종이를 박스 안에 넣으세요.
   After you've written your special experiences on separate pieces of paper, put them in the box.

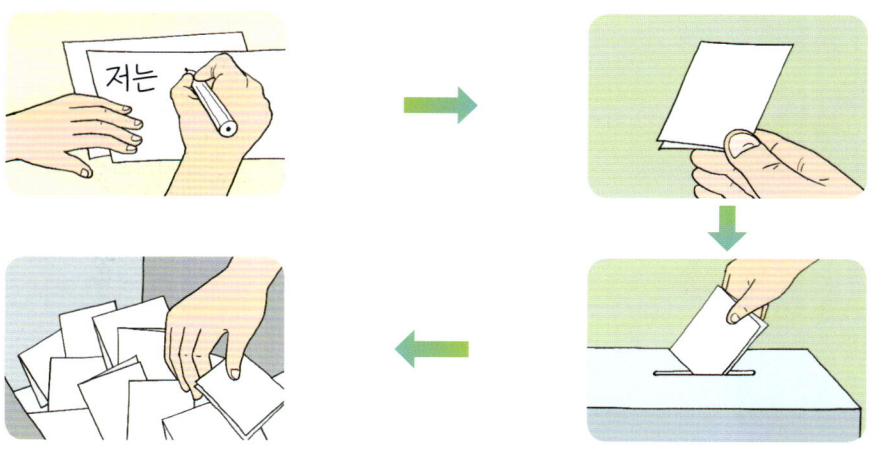

2. 돌아가면서 박스의 종이를 한 장씩 뽑아서 읽으세요. 다른 사람들은 그 경험에 대해 듣고 그것이 누구의 경험인지 알아맞혀 보세요. Take turns taking out a piece of paper and read it aloud. The rest of the class will listen to it and guess who's experience it is.

- 이 사람은 제주도에서 말을 타 본 적이 있어요.
- 팅팅 씨인가요?

3. 그 사람의 경험에 대해 궁금한 것을 물어보세요.
   Ask the person something that you're curious about regarding their experience.

- 팅팅 씨, 언제 말을 타 봤어요?
- 작년에 타 봤어요. 정말 재미있었어요.
- 무섭지 않았어요?

새 단어 New Vocabulary: 말 horse

3 경험 Experiences

2과 뮤지컬을 봤는데 정말 재미있었어요
I saw a musical and it was really fun
• 여행 경험 설명하기
Explaining travel experiences

어휘 Vocabulary

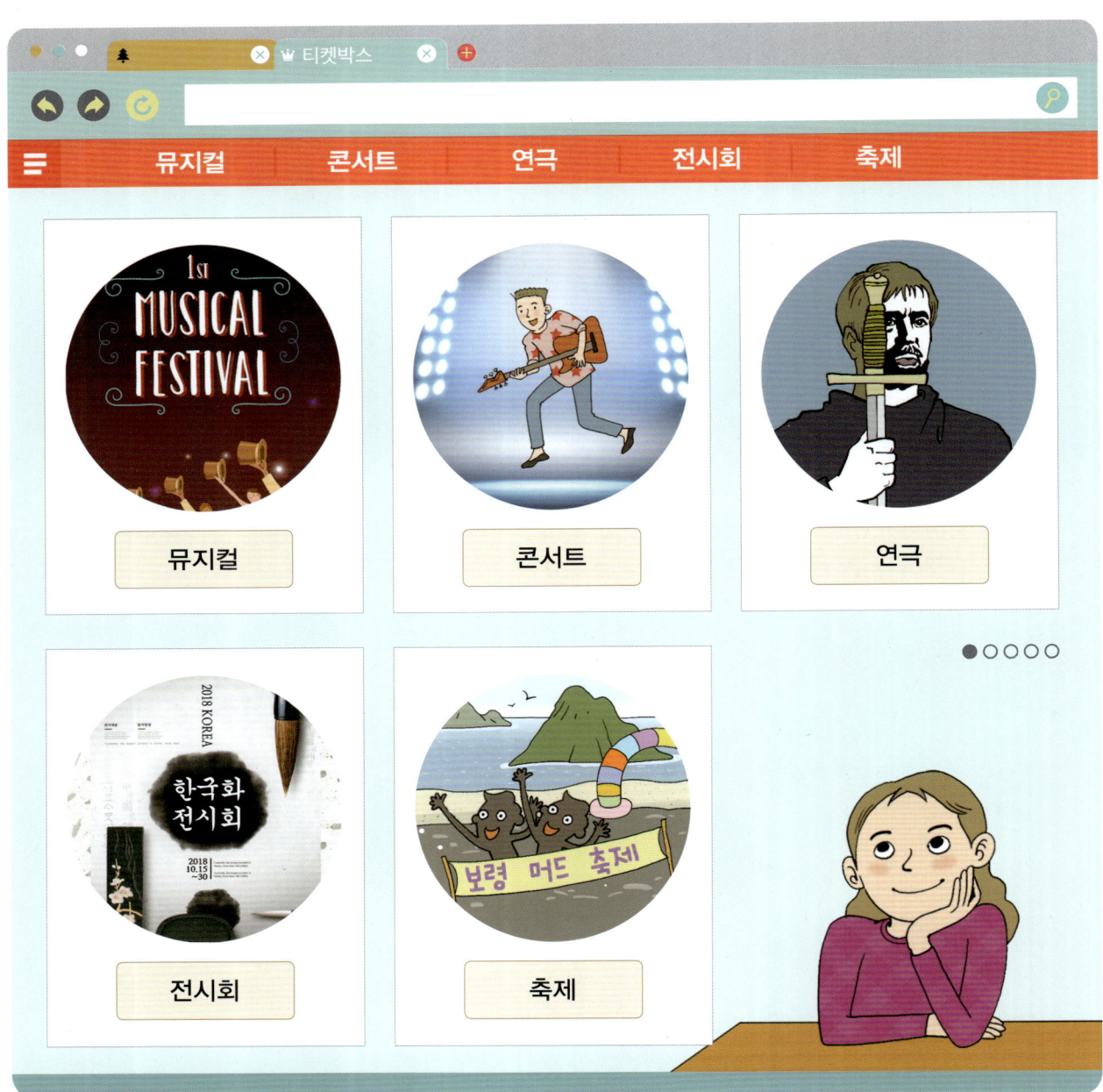

뮤지컬을 보다 to see a musical   콘서트를 보다 to see a concert   연극을 보다 to see a play
전시회에 가다 to go to an exhibit   축제에 가다 to go to a festival

핵심 표현 Key Expression ❶ | A/V – 았을/었을 때

Track 27

A 번지 점프를 해 봤어요?
B 네, 남이섬에 갔을 때 해 봤어요.

A: Have you tried bungee jumping?
B: Yes, I tried it when I went to Namiseom.

 알맞은 말을 골라 보기 와 같이 이야기해 보세요.
Match the words that go together to create dialogues as shown in the example.

보기

언제 제일 기뻤어요?

장학금을 받았을 때 기뻤어요.

장학금을 받다	아프다	여행을 가다
시험을 잘 보다	부모님께 야단을 맞다	시험에 떨어지다
할머니가 돌아가시다	친구와 싸우다	?

언제 제일 기뻤어요?   언제 제일 기분이 좋았어요?   언제 힘들었어요?   ?

🔍 A/V – 았을/었을 때

'– 았을/었을 때' indicates the time when something happened in the past.

한국에 와서 제일 힘들었을 때가 언제예요?   아팠을 때 제일 먼저 부모님 생각이 났어요.
처음 한국에 왔을 때 한국어를 전혀 몰랐어요.   친구가 전화했을 때 저는 자고 있었어요.

새 단어 New Vocabulary 번지 점프 bungee jump   남이섬 Namiseom Island   야단을 맞다 to be scolded   시험에 떨어지다 to fail an exam

핵심 표현 Key Expression ❷ | A-(으)ㄴ데, V-는데, N인데 1

Track 28

A 부산 영화제에 갔는데 정말 재미있었어요.
B 그래요? 뭐가 제일 재미있었어요?

A: I went to the Busan Film Festival and it was really fun.
B: Is that so? What was most fun about it?

 A와 B를 연결해서 보기 와 같이 이야기해 보세요.
Match the words from A and B that go together to create dialogues as shown in the example.

A	B
비가 오다	음식이 싸고 맛있다
한국어를 공부하다	좀 어렵다
태권도를 배우다	재미있다
이사를 하다	우산이 없다
여기는 학생 식당이다	비가 오다
이 사람은 유카 씨이다	우리 반 친구이다

보기
> 비가 오는데 우산이 없어요.

🔍 A-(으)ㄴ데, V-는데, N인데 1

'-(으)ㄴ데, -는데, 인데 1' indicates the background or situation of the content to follow.

날씨가 좋은데 등산할까요?
여기가 우리 학교인데 제가 소개해 줄게요.

학교에 가는데 민수 씨를 만났어요.
저 식당 음식이 맛있는데 같이 먹으러 갈까요?

새 단어 New Vocabulary 영화제 film festival

말하기 Speaking

Track 29

다쿠야 이번 방학에 뭐 할 거예요?
팅팅 영국에 갈 거예요. 일주일쯤 여행하려고 해요.
다쿠야 그래요? 저도 가 본 적이 있는데 정말 좋았어요.
팅팅 영국에서 어디에 가 봤어요?
다쿠야 저는 런던에 갔어요.
팅팅 런던에 갔을 때 뭐가 제일 좋았어요?
다쿠야 뮤지컬을 봤는데 정말 재미있었어요.

 친구와 이야기해 보세요. Create conversations using the following words with your partner.

1) 영국 / 런던

뮤지컬을 보다 / 재미있다

2) 중국 / 베이징

만리장성에 가다 / 멋있다

3) 이탈리아 / 베니스

배를 타다 / 좋다

4) 인도네시아 / 발리

서핑을 하다 / 신나다

새 단어 New Vocabulary 런던 London   만리장성 Great Wall of China   이탈리아 Italy   베니스 Venice   인도네시아 Indonesia   발리 Bali
신나다 to be excited

듣기 Listening

1. 주말에 무엇을 했는지 잘 듣고 알맞은 것을 연결하세요.
Listen to what the people did on the weekend and connect the name of the person to the correct picture.

Track 30

1) 유카 •   • ①
2) 올리버 •   • ②
3) 케빈 •   • ③
4) 양양 •   • ④
          • ⑤

2. 잘 듣고 질문에 답하세요.
Listen to the conversation and answer the questions.

Track 31

1) 두 사람은 몇 시에 만날 거예요? What time are the two people meeting?
　① 1시　　② 5시　　③ 7시

2) 두 사람은 내일 뭘 할 거예요? What are the two people going to do tomorrow?
　축제에 가서 _____.

3. 잘 듣고 맞으면 ○, 틀리면 ×표 하세요.
Listen to the conversation and if the statement is correct, write ○. If not, then write ×.

Track 32

1) 여자는 남산에 가 본 적이 없어요.　　(　)
2) 홈스테이 집은 교통이 불편했어요.　　(　)
3) 여자는 1년 동안 홈스테이를 했어요.　(　)

정답 | 1. 1) ② 2) ① 3) ⑤ 4) ④　2. 1) ② 2) 공연을 볼(사진를) 찍을 거예요　3. 1) (○) 2) (×) 3) (×)

과제 Tasks and Activities

 여러분의 '처음'은 어땠습니까?
How was your first time?

1. 선생님이 나누어 준 카드를 보고 처음 그 일을 했을 때를 떠올려 보세요.
Look at the cards that the teacher passed out and try to remember the first time you did what is written on the cards.

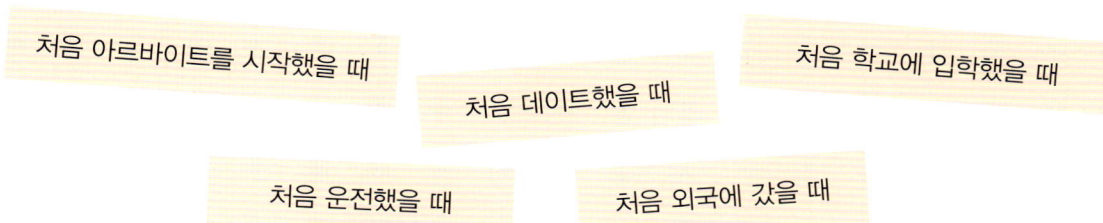

2. 세 명씩 모여서 그룹을 만드세요. 카드를 보고 여러분의 '처음'에 대해 이야기해 보세요.
Form groups of 3 people. Look at the cards and talk about the first time you did what is written on the cards.

3. 친구들의 이야기를 듣고 궁금한 것을 물어 보세요.
Listen to what your group members say and ask them things you're curious about.

새 단어 / New Vocabulary
데이트 date   입학하다 to enter, to start a school   외국 foreign country   그때 that time
당황하다 to be embarrassed   하지만 but

읽고 쓰기 Reading and Writing

1. 다음을 읽고 질문에 답하세요.
Read the following and answer the questions.

여러분은 경복궁에 가 본 적이 있어요? 경복궁은 한국에서 아주 유명한 곳이에요. 경복궁은 보통 저녁 6시까지 구경할 수 있어요. 그런데 일 년에 네 번 야간 개장을 해요. 그때는 밤 10시까지 구경할 수 있어요. 저는 작년에 야간 개장을 했을 때 가 봤어요. 조명이 있어서 경복궁이 더 아름답게 보였어요. 많은 사람들이 한복을 입고 경복궁을 구경하고 있었는데 전통적인 분위기를 느낄 수 있어서 좋았어요.

1) 무엇에 대해 이야기하는지 고르세요. Choose what the passage is about.

① 경복궁의 역사
② 밤에 보는 경복궁
③ 경복궁을 구경하는 사람들

2) 경복궁에 대한 설명으로 맞는 것을 고르세요. Choose what is true about Gyeongbokgung Palace.

① 저녁 6시까지 입장해야 해요.
② 일 년에 네 번 밤에 구경할 수 있어요.
③ 경복궁에서는 모두 한복을 입어야 돼요.

2. 여러분이 가 본 곳 중에서 특별히 기억에 남는 곳에 대해 써 보세요.
Write about the most memorable place that you have been to.

새 단어 New Vocabulary
경복궁 Gyeongbokgung Palace 야간 개장 opening at night 조명 lighting 아름답게 beautifully
전통적이다 to be traditional 느끼다 to feel 입장하다 to enter

대화 Conversation

1과 노량진수산시장에 가 봤어요?
Have you been to Noryangjin Fish Market?

Kevin	Tingting, have you been to Noryangjin Fish Market?
Tingting	No, I've never been there. I'd like to go though.
Kevin	Really? Then, shall we go when we have time?
Tingting	Okay. How about this weekend?
Kevin	Yeah, sounds good. Shall we try raw fish there?
Tingting	That's a good idea. We'll eat raw fish and look around the market.

2과 뮤지컬을 봤는데 정말 재미있었어요
I saw a musical and it was really fun

Takuya	What are you going to do this school break?
Tingting	I'm going to England. I'm going to travel about a week.
Takuya	Is that so? I've been to England and it was really nice.
Tingting	Where have you been in England?
Takuya	I went to London.
Tingting	What was the best thing when you went to London?
Takuya	I saw a musical and it was really fun.

4. 취업 Employment

1과 컴퓨터 회사에서 일한 적이 있습니다
I've worked at a computer company

- 면접 상황에서 자기 소개하기
  Introducing oneself in an interview
- 과거에 한 일 설명하기
  Describing past actions

어휘 Vocabulary

- 취업을 준비하다
- 지원하다
- 면접을 보다
- 이력서를 내다
- 합격하다

취업을 준비하다 to prepare for employment   지원하다 to apply
이력서를 내다 to submit a resume   면접을 보다 to have an interview   합격하다 to pass

핵심 표현 Key Expression ❶ | A/V – ㅂ니다/습니다, N입니다

Track 33

A 안녕하십니까? 성함이 어떻게 되십니까?
B 저는 올리버 마틴입니다. 영국에서 왔습니다.

A: Hello. What's your name?
B: My name is Oliver Martin. I'm from England.

서술문의 경우는 '–ㅂ니다/습니다, 입니다'를 쓰고, 의문문의 경우는 '–ㅂ니까?/습니까?, 입니까?'를 쓴다.

In the case of a declarative statement, use '–ㅂ니다/습니다 or 입니다.' For questions, use '–ㅂ니까?/습니까? or 입니까?'.

 보기 와 같이 이야기해 보세요.
Create dialogues as shown in the example.

보기
언제 한국에 왔습니까?
작년 겨울에 왔습니다.

성함이 어떻게 되십니까?
전공이 무엇입니까?
얼마 동안 한국어를 배웠습니까?
어디에서 삽니까?
?

🔍 A/V – ㅂ니다/습니다, N입니다

'–ㅂ니다/습니다' is used to politely end a sentence in formal situations. In the case of a noun, use '입니다'.

오늘은 회의가 있어서 바쁩니다.
저는 서울대학교 학생입니다.

설날에 한복을 입습니다.
저는 서울에서 삽니다.

새 단어 New Vocabulary 전공 major   설날 Lunar New Year's Day

핵심 표현 Key Expression ❷ | V-(으)ㄴ N

 Track 34

A 안녕하십니까? 저는 중국에서 온 팅팅입니다.
B 반갑습니다. 저는 김민수입니다.

A: Hello. I'm Tingting from China.
B: Nice to meet you. I'm Minsu Kim.

 그림을 보고 보기 와 같이 이야기해 보세요.
Create dialogues for the following picture as shown in the example.

보기

 어제 누가 춤을 췄어요?

 어제 춤을 춘 사람은 팅팅 씨예요.

어제 누가 노래를 했어요?

어제 무슨 음식을 먹었어요?

어제 누가 꽃을 줬어요?

어제 무슨 선물을 받았어요?

?

🔍 V-(으)ㄴ N

'-(으)ㄴ' is used in conjunction with a verb to modify the noun that follows it in order to indicate that the event or act occurred in the past.

어제 학교에 안 온 사람은 민수 씨예요.
우리가 지난번에 먹은 음식 이름이 뭐예요?

어제 본 영화가 아주 재미있었어요.
제가 만든 케이크를 친구한테 선물했어요.

| 새 단어 New Vocabulary | 지난번 last time |

60 4. 취업

말하기 Speaking

올리버	안녕하십니까? 저는 올리버 마틴입니다.
면접관	만나서 반갑습니다. 언제 한국에 왔습니까?
올리버	작년 여름에 왔습니다.
면접관	어디에서 한국어를 공부했습니까?
올리버	서울대 언어교육원에서 1년 동안 공부했습니다.
면접관	한국 회사에서 일한 경험이 있습니까?
올리버	네, 있습니다. 컴퓨터 회사에서 근무했습니다.
면접관	네, 알겠습니다.

 친구와 이야기해 보세요. Create conversations using the following words with your partner.

1) 한국 회사에서 일하다

컴퓨터 회사에서 근무하다

2) 회사에 다니다

휴대폰 회사에서 근무하다

3) 학원에서 근무하다

일본어 학원에서 근무하다

4) 한국에서 일하다

은행에 다니다

새 단어 / New Vocabulary 면접관 interviewer 경험 experience 근무하다 to work, to be on duty

듣기 | Listening

1. 잘 듣고 질문에 답하세요.
Listen to the conversation and answer the questions.

1) 여자는 왜 선물을 삽니까? Why does the woman buy a gift?
   ① 오빠의 생일을 축하하려고
   ② 오빠의 취직을 축하하려고
   ③ 오빠의 입학을 축하하려고

2) 맞는 것을 고르세요. Choose the correct statement.
   ① 남자는 지금 백화점에 있습니다.
   ② 여자는 서울컴퓨터에 지원했습니다.
   ③ 두 사람은 넥타이를 사러 갈 것입니다.

2. 투이 씨의 발표를 잘 듣고 빈칸에 들어갈 내용을 쓰세요.
Listen to Thuy's presentation and fill in the blanks with the correct descriptions.

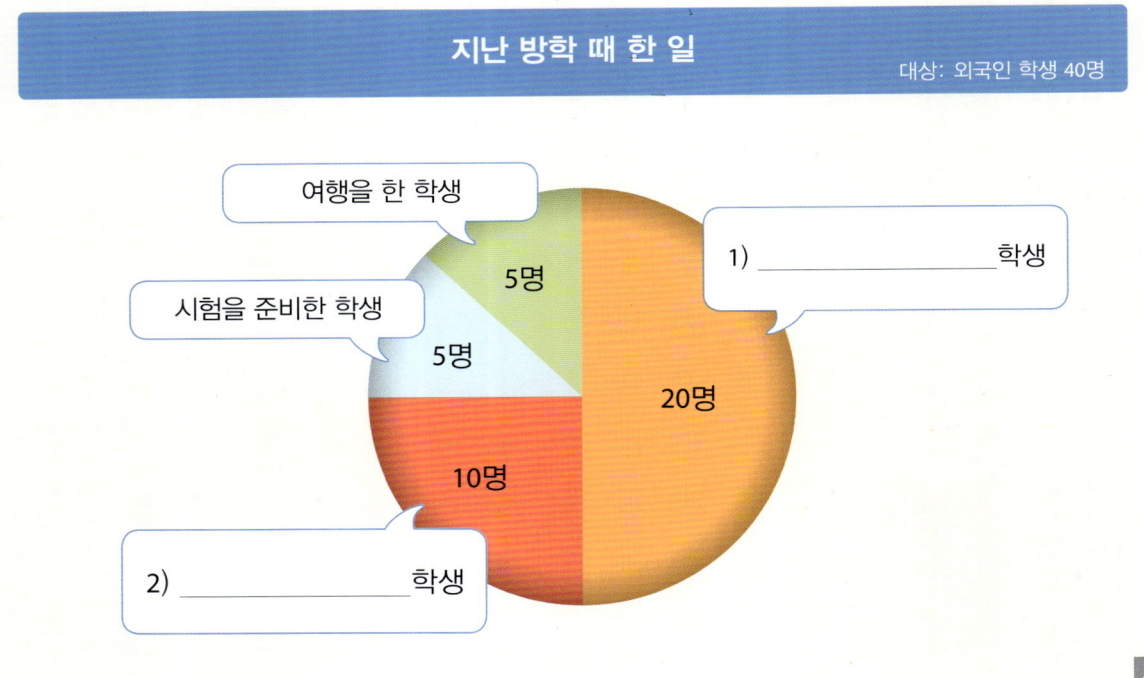

정답 | 1. 1) ② 2) ③ 2. 1) 고향에 갔다 온 2) 아르바이트를 한

새 단어 / New Vocabulary
축하하다 to congratulate   취직 employment   대상 subject

과제 Tasks and Activities

 주제를 정해서 우리 반 학생들을 대상으로 조사한 후 발표해 보세요.
Choose a topic and survey your classmates. Then, present your findings to the class.

1. 우리 반 학생들을 대상으로 조사해 보고 싶은 주제를 하나 정해 보세요.
Choose a topic that you would like to survey your classmates about.

우리 반 학생들이 해 본 아르바이트

우리 반 학생들이 먹어 본 한국 음식

우리 반 학생들이 지난 방학에 간 곳

?

2. 여러분이 정한 주제를 가지고 반 학생들을 대상으로 질문해 보세요.
Ask your classmates questions about the topic you chose.

무슨 아르바이트를 해 봤습니까?

저는 편의점에서 아르바이트를 해 본 적이 있습니다.

3. 여러분들이 조사한 내용을 정리해서 발표해 보세요.
Summarize and present your findings to the class.

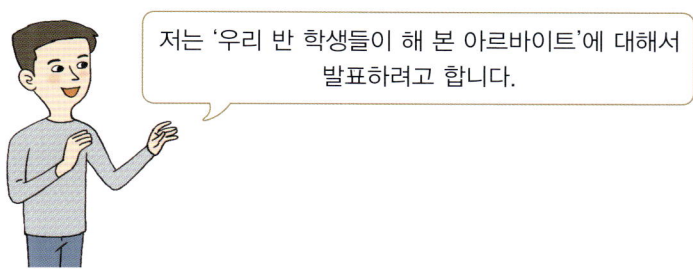

저는 '우리 반 학생들이 해 본 아르바이트'에 대해서 발표하려고 합니다.

새 단어 New Vocabulary　에 대해서 about　발표하다 to present

2과 지금 다니는 회사보다 연봉이 많아요
The salary is higher than my current job

- 근무 환경 비교하기 Comparing work environments
- 능력 소개하기 Introducing ability

어휘 Vocabulary

〈서울컴퓨터〉
연봉: 3천만 원
근무 시간: 8시간
휴가: 2주
출장: 1년에 2번 정도

이 력 서
	리샤오밍
이메일	lee17@snu.com
휴대폰	010-0123-1234
학 력
~ 2018년 7월	베이징대학교 한국학과 졸업
경 력
2017년 5월	니하오중국어학원 강사
자 격 증
	관광통역사

연봉 salary   근무 시간 working hours   휴가 vacation, day off   출장 business trip
학력 academic background   경력 work experience   자격증 certificate, license

핵심 표현 Key Expression ❶ | N보다

A 월요일이나 화요일에 회의하려고 하는데 언제가 좋으세요?
B 저는 월요일보다 화요일이 더 좋습니다.

A: We would like to have a meeting on Monday or Tuesday, when would be good for you?
B: Tuesday is better than Monday for me.

 무엇을 더 좋아합니까? 그림을 보고 보기 와 같이 이야기해 보세요.
Which do you like more? Create dialogues for the following pictures as shown in the example.

N보다

'보다' is used after the word that is the basis for comparison between two things.

불고기보다 김밥이 더 맛있어요. | 저는 산보다 바다를 더 좋아합니다.

새 단어 New Vocabulary 도시 city   시골 countryside

핵심 표현 Key Expression ❷ | V-(으)ㄹ 줄 알다/모르다

A 중국어를 할 줄 알아요?
B 네, 할 줄 알아요. 대학교 때 배웠어요.

A: Do you know how to speak Chinese?
B: Yes, I do. I learned in college.

그림을 보고 보기 와 같이 이야기해 보세요.
Create dialogues for the following pictures as shown in the example.

보기
자전거를 탈 줄 알아요?
네, 탈 줄 알아요.
아니요, 탈 줄 몰라요. / 아니요, 못 타요.

- 자전거를 타다
- 스케이트를 타다
- 피아노를 치다
- 탁구를 치다
- 수영하다
- 아랍어를 하다
- 김치를 담그다
- 라틴 댄스를 추다
- 종이비행기를 만들다

V-(으)ㄹ 줄 알다/모르다

'-(으)ㄹ 줄 알다/모르다' is used to indicate the ability/inability to do something.

저는 기타를 칠 줄 알아요.
민수 씨는 한자를 읽을 줄 알아요?

저는 일본어를 할 줄 몰라요.
다쿠야 씨는 김밥을 만들 줄 알아요.

새 단어 New Vocabulary
중국어 Chinese language   아랍어 Arabic language   김치를 담그다 to make Kimchi   라틴 댄스 Latin dance
(춤을) 추다 to dance   종이비행기 paper airplane

말하기 Speaking

투이	다쿠야 씨, 오늘 어디에 가요? 왜 양복을 입었어요?
다쿠야	오늘 수업 끝나고 회사에 면접을 보러 가요.
투이	그래요? 어느 회사에 지원했어요?
다쿠야	서울컴퓨터에 지원했어요. 서울컴퓨터가 지금 다니는 회사보다 연봉이 많아요.
투이	면접 준비 많이 했어요?
다쿠야	네, 준비는 많이 했는데 그래도 좀 떨려요.
투이	다쿠야 씨는 한국어도 할 줄 알고 컴퓨터도 잘하니까 잘될 거예요.
다쿠야	고마워요. 합격하면 알려 줄게요.

친구와 이야기해 보세요. Create conversations using the following words with your partner.

1)
- 서울컴퓨터
- 연봉이 많다
- 컴퓨터도 잘하다

2)
- 한국여행사
- 분위기가 좋다
- 경력도 있다

3)
- 현대출판사
- 휴가가 많다
- 책도 써 본 적이 있다

4)
- 미래디자인회사
- 근무 시간이 짧다
- 디자인도 잘하다

새 단어 New Vocabulary 그래도 still, nevertheless   떨리다 to be nervous   잘되다 to go well   고맙다 to be grateful   출판사 publisher   디자인 design

듣기 Listening

1. 남자는 지금 회사를 옮기려고 합니다. 옮기려는 회사는 지금 다니는 회사와 무엇이 다릅니까? 표시해 보세요.

The man is planning on changing jobs. What's different about his old company and new company? Put a check mark for the correct answers.

Track 41

지금 다니는 회사보다 ……

1) ☐ 근무 시간이 길다   ☐ 근무 시간이 짧다
2) ☐ 월급이 많다   ☐ 월급이 적다
3) ☐ 출장이 많다   ☐ 출장이 별로 없다

2. 잘 듣고 질문에 답하세요.

Listen to the conversation and answer the questions.

Track 42

1) 맞으면 ○, 틀리면 ×표 하세요. If the statement is correct, write ○. If not, then write ×.

① 두 사람은 오늘 오후에 만나려고 합니다.   (   )
② 서울식당에는 외국인 손님이 많이 옵니다.   (   )
③ 남자는 전에 식당에서 일한 적이 있습니다.   (   )

2) 남자가 본 광고입니다. 빈칸에 알맞은 말을 쓰세요.

This is an advertisement that the man saw. Write the correct words in the blanks.

아르바이트를 찾습니다.

- 근무 장소: 서울식당
- 근무 시간:
  주말 _____시 ~ _____시
- _____을/를 할 줄 아는 분
- 문의: 02 - 213 - 1234

정답 | 1.1) ☑ 근무 시간이 짧다 2) ☑ 월급이 많다 3) ☑ 출장이 별로 없다 2.1) ① (×) ② (○) ③ (○) 2) 1, 5, 영어

새 단어 New Vocabulary 손님 customer, guest

과제 Tasks and Activities

 회사 담당자와 지원자가 되어서 취업 상담을 해 보세요.
Be a company representative and a job applicant. Then, conduct a job counseling session.

1. 회사 담당자와 지원자로 역할을 나누세요. 지원자는 마음에 드는 회사를 골라 보세요.
   Divide the roles of company representative and job applicant. Job applicant choose the company you want to apply to.

- 회사 이름 : 세계여행사
- 하는 일 : 여행 일정 확인,
           비행기표와 호텔 예약
- 근무 시간 : 월~금(9:00~17:00)

2. 회사 담당자와 지원자가 되어서 취업 상담을 해 보세요.
   As a company representative and a job applicant, conduct a job counseling session.

3. 마음에 드는 회사가 있었습니까? 어떤 회사인지, 왜 마음에 들었는지 이유를 이야기해 보세요.
   Is there a company that you liked? Tell what kind of company it is and why you liked it.

새 단어 New Vocabulary 평일 weekday

읽고 쓰기 Reading and Writing

1. 다음을 읽고 질문에 답하세요.
Read the following resume and answer the questions.

이 력 서

성 명	리샤오밍	
연락처	이메일	lee17@snu.com
	휴대폰	010 - 0123 - 1234

학 력	
2014년 9월 ~ 2018년 7월	베이징대학교 한국학과 졸업

경 력	
2016년 5월 ~ 2017년 5월	니하오중국어학원 강사
2016년 2월	서울국제회의 중국어 통역

자 격 증	
2017년 6월	관광통역사

기 타	
2016년 3월 ~ 2016년 8월	한국대학교 교환 학생
2017년 5월	베이징대학교 한국어 말하기 대회 우수상

1) 맞으면 ○, 틀리면 ×표 하세요. If the statement is correct, write ○. If not, then write ×.

① 이 사람은 지금 대학교에 다니고 있습니다.   (   )
② 이 사람은 중국어 통역을 해 본 적이 있습니다.   (   )
③ 이 사람은 2015년에 중국어 학원에서 일했습니다.   (   )

2. 이력서를 써 보세요. Write a resume.

활동지
▶ p. 146

정답 | 1. 1) ① (×) ② (○) ③ (×)

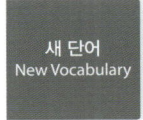
새 단어
New Vocabulary

성명 name   이메일 email   한국학과 Department of Korean Studies   강사 instructor   국제 international
통역 interpretation   관광통역사 tour guide   기타 et cetera   말하기 대회 speech contest
우수상 award of excellence

대화 Conversation

1과 컴퓨터 회사에서 일한 적이 있습니다
I've worked at a computer company

Oliver	Hello. I'm Oliver Martin.
Interviewer	It's nice to meet you. When did you come to Korea?
Oliver	I came last summer.
Interviewer	Where did you study Korean?
Oliver	I studied at Seoul National University Language Education Institute for a year.
Interviewer	Do you have experience working at a Korean company?
Oliver	Yes, I do. I worked at a computer company.
Interviewer	Okay, I got it.

2과 지금 다니는 회사보다 연봉이 많아요
The salary is higher than my current job

Thuy	Takuya, where are you going today? Why are you wearing a suit?
Takuya	I'm going to a job interview after class.
Thuy	Really? Which company did you apply to?
Takuya	I applied to Seoul Computer. The salary is higher than my current job.
Thuy	Did you prepare a lot for the interview?
Takuya	Yes, I did but I'm still nervous.
Thuy	It will go well since you know how to speak Korean and you're good with computers.
Takuya	Thank you. I'll let you know if I passed the interview.

5. 건강
Health

1과 건강에 관심이 많네요
You're very interested in health

- 건강 상태에 대해 묘사하기
  Describing health conditions
- 상대의 말이나 상황에 반응하기
  Responding to people's words or situations

어휘 Vocabulary

건강/몸에 좋다 to be good for one's health/body
(음식을) 골고루 먹다 to eat a balanced diet
즐겁게 생활하다 to live happily
건강을 지키다 to keep one's health
스트레스를 풀다 to relieve stress

핵심 표현 Key Expression ❶ | A-게

Track 43

A 날씨가 추우니까 옷을 따뜻하게 입으세요.
B 네, 알겠어요.

A: Dress warmly since it's cold outside.
B: Okay, I got it.

 질문을 보고 보기 와 같이 이야기해 보세요.
Create dialogues from the questions as shown in the example.

질문
무슨 영화를 재미있게 봤어요?
한국에서 무슨 음식을 맛있게 먹었어요?
누구하고 제일 친하게 지내요?
어디에서 물건을 싸게 살 수 있어요?
언제 옷을 멋있게/예쁘게 입어요?

🔍 A-게

'A-게' indicates a condition, degree or method of action.
세일을 해서 옷을 싸게 샀어요. | 머리를 짧게 잘랐어요.

새 단어
New Vocabulary
친하다 to be close

핵심 표현 Key Expression ❷ | A/V – 네요

Track 44

A 날씨가 춥네요.
B 네, 정말 춥지요? 따뜻한 차 한 잔 드세요.

A: It's cold.
B: Yeah, it's really cold, isn't it? Have a warm cup of tea.

 그림을 보고 보기 와 같이 이야기해 보세요.
Create dialogues for the following pictures as shown in the example.

보기

음식이 맛있네요.

음식이 맛있다

1) 눈이 오다
2) 길이 막히다
3) 옷이 비싸다 ₩ 8,000,000
4) 영화가 재미있다

🔍 A/V – 네요

'–네요' is used by the speaker to express admiration for something new that they were just made aware of.

비가 많이 오네요.   아이가 매운 음식을 잘 먹네요.
투이 씨는 한국말을 정말 잘하네요.   양양 씨는 한국 문화를 잘 아네요.

새 단어 New Vocabulary   한국말 Korean language   문화 culture

말하기 Speaking

투이   양양 씨, 이거 제가 만든 유자차예요. 한번 마셔 보세요.
양양   와, 맛있네요.
투이   맛있지요? 유자차는 쉽게 만들 수 있고 건강에도 좋아요.
양양   투이 씨는 운동도 열심히 하지요?
투이   네, 저는 매일 달리기를 해요. 달리기는 쉽게 할 수 있는 운동이에요.
양양   투이 씨는 건강에 관심이 많네요.
투이   네, 저는 건강에 관심이 많아서 몸에 좋은 음식도 먹고 운동도 자주 해요.

💬 **친구와 이야기해 보세요.** Create conversations using the following words with your partner.

1)	2)	3)	4)
맛있다	따뜻하고 좋다	향기가 좋다	색깔이 예쁘다
달리기	줄넘기	요가	수영
쉽다	가볍다	재미있다	즐겁다

새 단어 / New Vocabulary   줄넘기 jump rope   향기 scent   요가 yoga

듣기 Listening

1. 잘 듣고 맞으면 ○, 틀리면 ×표 하세요.
Listen to the conversation and if the statement is correct, write ○. If not, then write ×.

Track 46

1) 여자는 운동화를 싸게 샀습니다. ( )
2) 여자는 요즘 걸어서 회사에 갑니다. ( )
3) 여자의 집에서 회사까지 버스로 30분 걸립니다. ( )

2. 잘 듣고 맞는 것을 고르세요.
Listen to the conversation and choose the correct statement.

Track 47

① 남자는 화요일에 병원에 갈 것입니다.
② 이 병원은 매일 6시에 문을 닫습니다.
③ 남자는 예약을 바꾸고 싶어서 전화했습니다.

3. 다음은 85세 김옥순 할머니의 인터뷰입니다. 잘 듣고 질문에 답하세요.
The following is an interview broadcast of an 85-year-old grandmother, Oksoon Kim. Listen and answer the questions.

Track 48

1) 여자가 말한 내용과 <u>다른</u> 것을 고르세요.
Choose the statement that is <u>different</u> than what she said.

① 음식을 싱겁게 먹어요.
② 매일 집 근처를 산책해요.
③ 몸에 좋은 음식을 자주 먹어요.

2) 여자가 스트레스를 푸는 방법은 무엇입니까?
What does she do to relieve stress?

①    ②    ③

| 새 단어 New Vocabulary | 싱겁다 to be bland |

과제 Tasks and Activities

 2~3명씩 모여서 주사위 게임을 해 보세요.
Form groups of 2~3 people and play a dice game.

활동지 ➡ p. 147

1. 주사위를 던져서 나온 숫자만큼 가세요. 그리고 도착한 곳에 쓰여 있는 지시대로 하세요. 지시대로 못 하면 그 전에 있던 자리로 돌아가세요. 가장 빨리 도착한 사람이 이깁니다.

Roll the die and move spaces according to the number rolled. Then, follow the instructions written on the space that you landed. If you can't perform the instructions correctly, then you must move back to your previous space. The person who finishes first wins the game.

	1	2	3
출발	크게 웃으세요.	'A/V - 네요'	앞으로 한 칸 가세요.
13 칠판에 자기 이름을 예쁘게 쓰세요.	14 'A/V - 네요'	15 한국의 도시 이름을 세 개 말하세요.	4 신나게 춤을 추세요.
12 'A/V - 네요'	**도착**	16 뒤로 2칸 가세요.	5 'A/V - 네요'
11 건강에 좋은 음식을 3가지 말하세요.	18 노래를 작게 부르세요.	17 'A/V - 네요'	6 'A/V - 네요'
10 'A/V - 네요'	9 '출발'로 가세요.	8 'A/V - 네요'	7 한 번 쉬세요.

새 단어 New Vocabulary: 웃다 to laugh   칸 space   가지 type of   칠판 blackboard   자기 oneself

5. 건강 Health

2과 몸살이 난 것 같아요
I feel like I'm aching all over

• 건강 상태 추측하기
Estimating health status

어휘 Vocabulary

몸살이 나다

소화가 안 되다
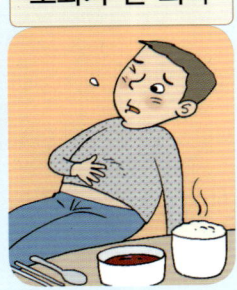

어지럽다

입맛이 없다

배탈이 나다
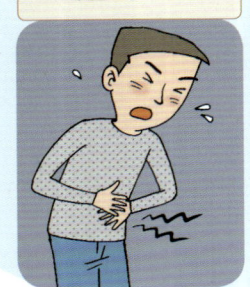

잠이 안 오다

몸살이 나다 to have body aches and chills   소화가 안 되다 to have indigestion
어지럽다 to be dizzy   입맛이 없다 to not have an appetite
배탈이 나다 to have a stomachache   잠이 안 오다 to not be able to get to sleep

핵심 표현 Key Expression ❶ | V-(으)ㄴ, 는, (으)ㄹ 것 같다

A 어제부터 열이 나고 목이 아파요.
　감기에 걸린 것 같아요.
B 그럼 병원에 가 보세요.

A: I've had a fever and my throat has been hurting since yesterday.
　It seems like I've caught a cold.
B: Then try going to the hospital.

💬 그림을 보고 주어진 문법을 사용해서 보기 와 같이 이야기해 보세요.
Create sentences using the following grammar as shown in the example.

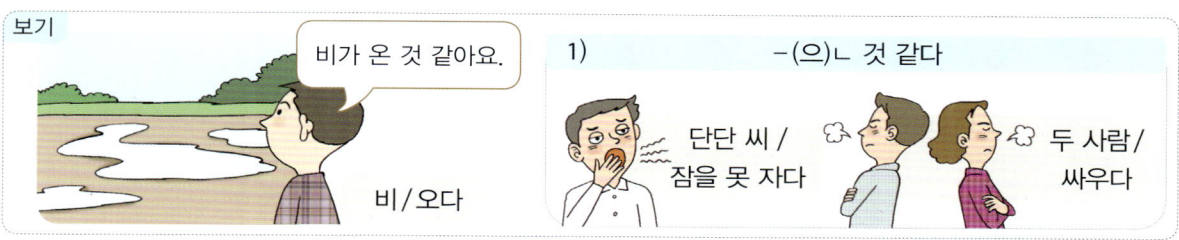

🔍 V-(으)ㄴ, 는, (으)ㄹ 것 같다

'-(으)ㄴ, 는, (으)ㄹ 것 같다' are used with a verb to indicate speculation about past, present or future actions.

기차가 벌써 도착한 것 같아요.　　　　　형은 도서관에서 공부하는 것 같아요.
회의가 일찍 끝날 것 같아요?　　　　　손님이 많이 올 것 같아요.

새 단어 New Vocabulary　지각하다 to be late　떨어지다 to fall

핵심 표현 Key Expression ❷ | A-(으)ㄴ, (으)ㄹ 것 같다

A 갈비탕 먹을까요?
B 좋아요. 맛있을 것 같네요.

A: Shall we eat short rib soup?
B: Sure. It looks delicious.

 그림을 보고 보기 와 같이 이야기해 보세요.
Create dialogues for the following pictures as shown in the example.

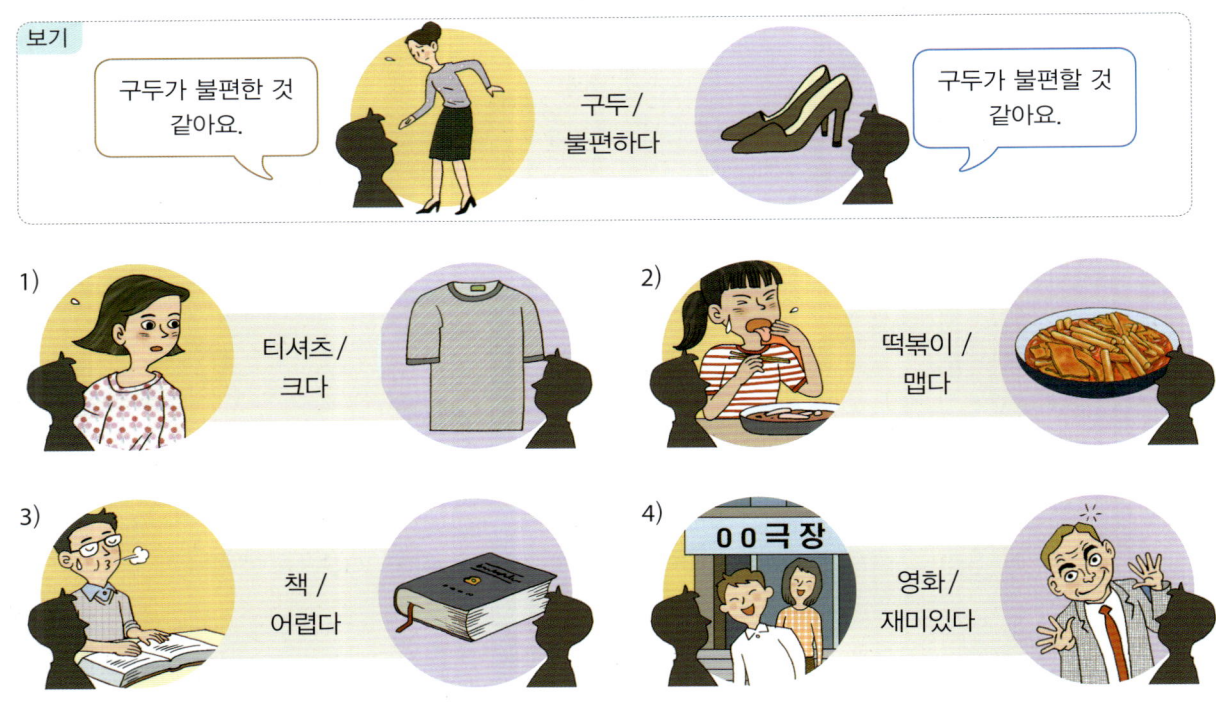

A-(으)ㄴ, (으)ㄹ 것 같다

'-(으)ㄴ, (으)ㄹ 것 같다' is used with an adjective from various situations to infer about the status of the corresponding noun. '-(으)ㄹ 것 같다' refers to a more vague assumption than '-(으)ㄴ 것 같다'.

투이 씨는 요즘 바쁜 것 같아요.
이 코트가 따뜻할 것 같아요.

양양 씨한테 구두가 작은 것 같아요.
명동에 사람이 아주 많을 것 같아요.

새 단어 New Vocabulary 갈비탕 short rib soup

말하기 Speaking

의사	어떻게 오셨어요?
기욤	머리도 아프고 목도 많이 아파요. 몸살이 난 것 같아요.
의사	언제부터 아프셨나요?
기욤	지난주부터요. 지난주에 **출장을 다녀왔는데** 그때 좀 무리한 것 같아요.
의사	자, 한번 볼게요. 열도 많이 나네요.
기욤	네. 그리고 **좀 어지러워요**.
의사	몸살감기입니다. 약을 드시고 푹 쉬세요. **술**은 드시지 마세요.
기욤	네, 알겠습니다. 감사합니다.

💬 **친구와 이야기해 보세요.** Create conversations using the following words with your partner.

1) 출장을 다녀오다 / 좀 어지럽다 / 술

2) 야근을 하다 / 잠도 잘 안 오다 / 커피

3) 이사를 하다 / 배도 아프다 / 맵고 짠 음식

4) 시험이 있다 / 기침도 많이 하다 / 찬 음식

새 단어 New Vocabulary: 몸살감기 cold with body aches and chills　약 medicine　야근 night overtime　짜다 to taste salty　차다 to be cold

듣기 Listening

1. 잘 듣고 맞으면 ○, 틀리면 ×표 하세요.
Listen to the conversation and if the statement is correct, write ○. If not, then write ×.

1) 남자는 감기에 걸렸습니다. ( )
2) 남자는 어제부터 몸이 안 좋았습니다. ( )
3) 남자는 오늘 저녁을 안 먹는 게 좋습니다. ( )

2. 안내 방송을 잘 듣고 맞으면 ○, 틀리면 ×표 하세요.
Listen to the announcement and if the statement is correct, write ○. If not, then write ×.

1) 다음 주 화요일에 무료 노래 수업이 있습니다. ( )
2) 노래 수업 신청은 오늘까지 할 수 있습니다. ( )
3) 이 수업에서 요즘 유행하는 노래를 배울 수 있습니다. ( )

3. 잘 듣고 질문에 답하세요.
Listen to the conversation and answer the questions.

1) 맞는 것을 고르세요.
   Choose the correct statement.

   ① 여자는 요즘 잠을 잘 못 잡니다.
   ② 여자는 회의 준비를 끝냈습니다.
   ③ 여자는 남자를 도와주려고 합니다.

2) 두 사람은 지금 무엇을 하려고 합니까?
   What are the two people going to do now?

정답 | 1. 1) (×) 2) (○) 3) (○) 2. 1) (○) 2) (×) 3) (×) 3. 1) ① 2) ②

새 단어 New Vocabulary 무료 free   유행하다 to be in fashion   끝내다 to end, to finish

과제 Tasks and Activities

친구와 함께 동작으로 표현하는 게임을 해 봅시다.
Play a miming game with your partner.

1. 두 명씩 짝이 되어서 선생님이 주는 카드를 받으세요. 받은 카드를 반씩 나누어 가지세요.
   Get into pairs and receive cards from the teacher. Divide the cards evenly between the two people.

머리가 아픈 것 같아요.　　날씨가 추운 것 같아요.

바나나를 먹는 것 같아요.　텔레비전을 보는 것 같아요.

2. 카드의 내용을 보고 어떻게 하면 동작으로 표현할 수 있을지 생각해 보세요.
   Think about how you can express the sentence that's written on the card using body language.

머리가 아픈 것 같아요.

바나나를 먹는 것 같아요.

날씨가 추운 것 같아요.

텔레비전을 보는 것 같아요.

3. 동작으로 카드의 내용을 표현해 보세요. 다른 사람은 카드의 내용을 맞혀 보세요.
   Try to express your sentence by acting it out to your partner. The other person try to guess the sentence.

머리가 아픈 것 같아요.

읽고 쓰기 Reading and Writing

1. 다음을 읽고 질문에 답하세요.
Read the following and answer the questions.

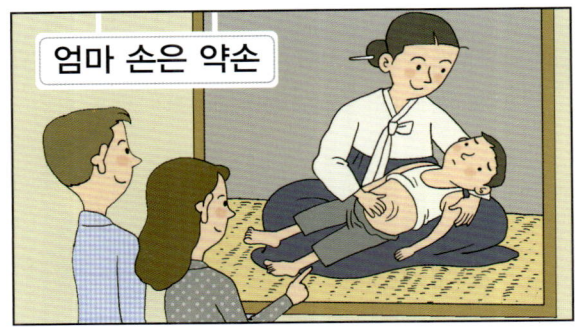

1) '엄마 손은 약손'이라는 말은 무슨 뜻입니까? 빈칸에 들어갈 알맞은 말을 고르세요.
What does 'mother's hand is like medicine' mean? Choose the correct meaning.

아이가 배가 아플 때 _____ 도움이 됩니다.

① 엄마가 주는 약을 먹으면   ② 엄마가 배를 만져 주면   ③ 엄마가 만든 음식을 먹으면

2. 여러분 나라에도 이런 민간요법이 있습니까? 여러분 나라의 민간요법을 써 보세요.
Are there any home remedies in your country? Write your country's home remedies.

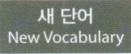

| 새 단어 New Vocabulary | 약손 comforting hand | 만지다 to touch | 옛날 the old days | 도움 help |

대화 Conversation

1과 건강에 관심이 많네요
You're very interested in health

Thuy	Yangyang, this is citrus tea that I made. Try some.
Yangyang	Wow, that's good.
Thuy	It's delicious, right? Citrus tea is easy to make and it's good for your health.
Yangyang	You work out hard, don't you?
Thuy	Yes, I run every day. Running is a sport that can be done easily.
Yangyang	You're really interested in health.
Thuy	Yeah, I'm very interested in health, so I eat healthy food and exercise often.

2과 몸살이 난 것 같아요
I feel like I'm aching all over

Doctor	What brings you here?
Guillaume	My head hurts and throat is really sore. I feel like I'm aching all over.
Doctor	When did you start feeling sick?
Guillaume	Since last week. I went on a business trip last week, but I think it was a little too much.
Doctor	Well, let me take a look. You have a high fever.
Guillaume	Yes. I'm also a bit dizzy.
Doctor	You have a bad cold. Take some medicine and rest. Don't drink alcohol.
Guillaume	Okay, I got it. Thank you.

6 고장 Broken

1과 노트북 화면이 안 나와요
My laptop screen won't turn on

- 위치 설명하기 Describing location
- 고장 난 상황 설명하기 Describing broken things

어휘 Vocabulary

고장이 나다　　맡기다　　고치다 / 수리하다

화면이 안 나오다　　이상한 소리가 나다　　전원이 안 켜지다

고장이 나다 to be broken　　맡기다 to leave, to entrust　　고치다 / 수리하다 to fix
화면이 안 나오다 for screen to not turn on　　이상한 소리가 나다 to have a strange sound
전원이 안 켜지다 for power to not turn on

핵심 표현 Key Expression ❶ | V-다가

A 이 근처에 휴대폰 서비스 센터가 있나요?
B 네, 쭉 가다가 사거리에서 오른쪽으로 돌아가면 있어요.

A: Is there a phone repair center nearby?
B: Yes, go straight and turn right at the intersection and you'll see it.

💬 **지도를 보고 보기 와 같이 이야기해 보세요.**
Look at the map and create dialogues as shown in the example.

보기

이 근처에 세탁소가 있나요?

네, 쭉 가다가 오른쪽으로 돌아가세요. 거기에서 앞으로 조금 더 가면 세탁소가 보여요.

🔍 **V-다가**

'-다가' is used to switch from one action to another, but the first action in progress is not yet fully completed.

영화를 보다가 잤어요. | 밥을 먹다가 전화를 받았어요.

새 단어 New Vocabulary 서비스 센터 service center, repair center   돌아가다 to turn, to go around   세탁소 dry cleaners

핵심 표현 Key Expression ❷ | N 때문에

A 민준 씨, 어제 왜 모임에 안 왔어요?
B 아르바이트 때문에 못 갔어요.

A: Minjun, why didn't you come to our gathering yesterday?
B: I couldn't go because of my part-time job.

 다음 단어를 사용해서 보기 와 같이 이야기해 보세요.
Create dialogues using the following words as shown in the example.

🔍 N 때문에

'때문에' is used after a noun to indicate the cause or reason of something.

시험 때문에 스트레스를 받아요 | 발표 준비 때문에 못 갔어요.

새 단어 / New Vocabulary   사고 accident

말하기 Speaking

기욤   에밀리 씨, 전에 서비스 센터에 노트북 맡긴 적 있지요?
에밀리 네, 있어요. 그런데 왜요?
기욤   노트북이 안 돼서요. 어제부터 화면이 안 나와요.
        서비스 센터가 어디에 있어요?
에밀리 여기에서 가까워요. 이쪽으로 쭉 가다가 오른쪽으로 돌아가면 있어요.
기욤   고마워요. 회의 준비 때문에 빨리 고쳐야 하는데 걱정이네요.
에밀리 걱정하지 마세요. 서비스 센터에 맡기면 빨리 고칠 수 있을 거예요.
기욤   네, 고마워요. 그런데 서비스 센터는 몇 시까지 해요?
에밀리 6시까지 해요. 지금 가 보세요.

💬 **친구와 이야기해 보세요.** Create conversations using the following words with your partner.

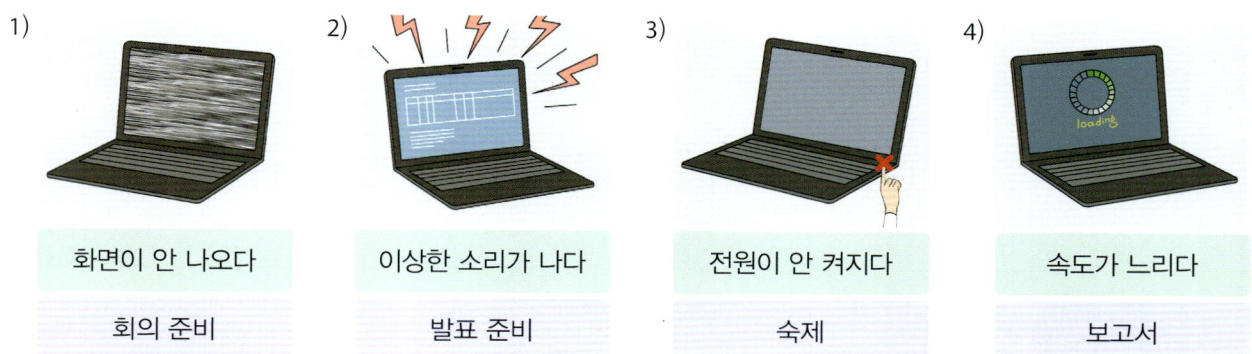

1) 화면이 안 나오다 — 회의 준비
2) 이상한 소리가 나다 — 발표 준비
3) 전원이 안 켜지다 — 숙제
4) 속도가 느리다 — 보고서

새 단어 New Vocabulary 빨리 quickly   속도 speed   느리다 to be slow   보고서 report

듣기 Listening

1. 잘 듣고 알맞은 것을 연결하세요.
Listen to the conversations and connect the name of the object to the correct situation.

Track 58

1) 텔레비전 •   • ① 소리가 안 나요.

2) 노트북 •   • ② 화면이 안 나와요.

3) 에어컨 •   • ③ 전원이 안 켜져요.

                     • ④ 시원한 바람이 안 나와요.

2. 잘 듣고 질문에 답하세요.
Listen to the conversation and answer the questions.

Track 59

1) 두 사람은 왜 지하철을 타려고 해요? Why are the two people going to take the subway?

① 버스를 타면 갈아타야 해서
② 일요일에는 버스를 타는 사람이 많아서
③ 이번 주 일요일에 버스가 명동으로 안 가서

3. 잘 듣고 질문에 답하세요.
Listen to the conversation and answer the questions.

Track 60

1) 맞는 것을 고르세요. Choose the correct statement.

① 여자는 지금 미술관에 있습니다.
② 지금 사고 때문에 길이 막힙니다.
③ 여자는 남자를 기다리고 있습니다.

2) 여자가 말한 미술관을 찾아 표시해 보세요. Find the art gallery that the woman talked about and put a check mark on it.

새 단어 / New Vocabulary 바람 wind

정답 | 1. 1) ② 2) ① 3) ④   2. 1) ③   3. 1) ③ 2) ②

과제 Tasks and Activities

 카드를 조합해서 알맞은 문장을 만들어 보세요.
Combine the cards to form correct sentences.

활동지
◯ p. 149

1. 두 사람이 한 팀이 되어 카드를 받으세요.
Form teams of two people and receive cards from the teacher.

2. 색깔별로 카드를 놓고 보기 와 같이 알맞은 문장을 만들어 보세요.
Place the cards by color and form correct sentences as shown in the example.

3. 문장을 다 만든 후에 다른 팀과 함께 만든 문장을 확인해 보세요.
After you've formed all of the sentences, check out the sentences that others teams made.

6 고장 Broken

2과 세탁기가 고장 나서 전화 드렸어요
I called because my washing machine is broken

- 상태 대조하기 Contrasting statuses
- 앞으로 할 일 설명하기 Explaining what is to be done

어휘 Vocabulary

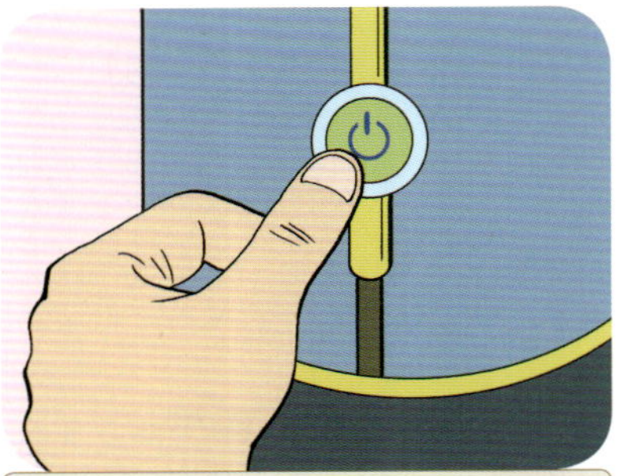

수리 기사

수리비

버튼을 누르다

전원을 켜다

전원을 끄다

수리 기사 repair personnel   수리비 repair cost   버튼을 누르다 to press a button
전원을 켜다 to turn on the power   전원을 끄다 to turn off the power

핵심 표현 Key Expression ❶ | A-(으)ㄴ데, V-는데, N인데 2

A 텔레비전이 어떻게 안 돼요?
B 화면은 나오는데 소리는 안 나요.

A: What's wrong with the television?
B: The screen turns on, but there's no sound.

 보기 와 같이 이야기해 보세요.
Create dialogues using the following words as shown in the example.

- 녹차를 마셔요.
- 돼지고기를 먹어요.
- 축구를 좋아해요.
- 부산에 가 봤어요.
- 중국 역사를 잘 알아요.
- 청소를 자주 해요.

양양

- 커피를 안 마셔요.
- 소고기를 안 먹어요.
- 농구를 안 좋아해요.
- 제주도에 안 가 봤어요.
- 한국 역사를 잘 몰라요.
- 요리를 안 해요.

보기

양양 씨는 차는 마시는데 커피는 안 마셔요.

🔍 A-(으)ㄴ데, V-는데, N인데 2

'-(으)ㄴ데, -는데, 인데 2' is used to indicate a situation that contrasts the preceding situation.

평일에는 바쁜데 주말에는 안 바빠요.
어제는 더웠는데 오늘은 시원하네요.

축구는 좋아하는데 야구는 안 좋아해요.
아빠는 한국 사람인데 엄마는 일본 사람이에요.

핵심 표현 Key Expression ❷ | V-(으)ㄹ N

Track 62

A 컴퓨터로 할 일이 많은데요.
   빨리 좀 고쳐 주세요.
B 네, 확인해 보고 말씀드리겠습니다.

A: I have a lot of work to do on my computer.
   Please hurry and fix my computer.
B: Okay, I'll take a look at it and let you know.

💬 그림을 보고 보기 와 같이 이야기해 보세요.
Create dialogues for the following pictures as shown in the example.

보기
뭘 샀어요?
여행 가서 입을 옷을 샀어요.
입다

1) 마시다
2) 신다
3) 먹다
4) 읽다

🔍 V-(으)ㄹ N

'-(으)ㄹ' modifies a noun and is used to indicate things to do or something scheduled in the future.

오늘 저녁에 볼 영화가 뭐예요?   저는 여행 갈 때 입을 옷을 샀어요.
다음에 들으실 음악은 '아리랑'입니다.   내일 만들 음식은 비빔밥이에요.

말하기 Speaking

유카 여보세요, 서비스 센터지요?
직원 네, 그렇습니다. 뭘 도와 드릴까요?
유카 세탁기가 고장 나서 전화 드렸어요. 어제까지 잘 됐는데 갑자기 안 돼요.
직원 어떻게 안 됩니까?
유카 전원은 켜지는데 이상한 소리가 나고 세탁이 안 돼요.
직원 수리 기사가 가 봐야 할 것 같습니다. 언제로 예약해 드릴까요?
유카 오늘 오후에 오실 수 있나요?
직원 죄송하지만 오늘은 예약이 많아서 보내 드릴 수리 기사가 없습니다.
     내일 오전 10시는 괜찮으세요?
유카 네. 그럼 내일 10시로 예약해 주세요. 감사합니다.

친구와 이야기해 보세요. Create conversations using the following words with your partner.

1) 세탁기	2) 냉장고	3) 텔레비전	4) 에어컨
어제까지 잘 되다	지난주에 수리하다	어제까지 괜찮다	조금 전까지 사용하다
세탁이 안 되다	얼음이 안 얼다	화면이 안 나오다	찬바람이 안 나오다

새 단어 New Vocabulary 잘 되다 to go well, to work well   갑자기 suddenly   괜찮다 to be fine   얼음 ice   얼다 to freeze   찬바람 cool wind

듣기 Listening

1. 잘 듣고 질문에 답하세요.
Listen to the conversation and answer the questions.

1) 남자는 왜 휴대폰을 바꿨습니까? Why did the man change his phone?

　① 휴대폰을 잃어버려서
　② 휴대폰 화면이 안 나와서
　③ 휴대폰이 마음에 안 들어서

2) 여자의 휴대폰은 지금 무슨 문제가 있습니까?
What kind of problem is the woman having with her phone?

　① 소리가 안 나요.
　② 화면이 안 나와요.
　③ 전원이 자꾸 꺼져요.

2. 잘 듣고 질문에 답하세요.
Listen to the conversation and answer the questions.

1) 맞으면 ○, 틀리면 ×표 하세요.
If the statement is correct, write ○. If not, then write ×.

　① 여자는 한국 역사에 관심이 많습니다. (　)
　② 여자는 박물관에 아직 안 가 봤습니다. (　)
　③ 두 사람은 이번 주말에 박물관에 가려고 합니다. (　)

2) 박물관에 대한 설명으로 맞지 않는 것을 고르세요.
Choose the statement that does not describe the museum.

　① 박물관에 있는 식당은 음식이 싸고 맛있습니다.
　② 박물관에 전시물을 설명해 주는 사람이 있습니다.
　③ 기계를 빌리면 중국어로 설명을 들을 수 있습니다.

정답 | 1. 1) ② 2) ③　2. 1) ① (○) ② (×) ③ (×) 2) ①

새 단어 New Vocabulary　바꾸다 to change　자꾸 repeatedly　전시물 exhibit, display　기계 machine　빌리다 to borrow

과제 Tasks and Activities

 그림 카드를 보고 두 그림의 차이를 찾아 이야기해 보세요.
Look at the picture cards and talk about the differences between the two cards.

1. 세 명이 한 팀이 되어 그림 카드를 받으세요.
   Form teams of three people and receive cards from the teacher.

2. 두 그림은 비슷해 보이지만 잘 찾아보면 다른 점이 있습니다. 뭐가 다른지 찾아서 써 보세요.
   The two pictures look the same, but if you look closely, there are differences. Find what's different about them and write down the differences.

1. 왼쪽 그림의 여자는 머리가 긴데 오른쪽 그림의 여자는 ……

2. _____ .

3. _____ .

3. 팀별로 두 그림의 차이점을 이야기해 보세요. 어느 팀이 더 많이 찾았는지 확인해 보세요.
   Each team talk about the differences between the two pictures. Check to see which team found the most differences.

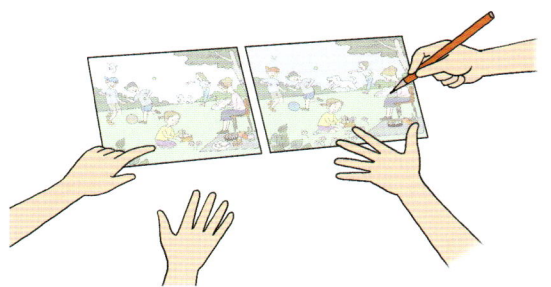

왼쪽 그림의 여자는 머리가 긴데 오른쪽 그림의 여자는 머리가 짧아요.

그리고 오른쪽 그림에는 ……

읽고 쓰기 Reading and Writing

1. 다음을 읽고 질문에 답하세요. Read the following and answer the questions.

주의 사항

- 세탁기 위에 무거운 물건을 놓지 마세요.
  무거운 물건 때문에 세탁기가 잘 돌지 않을 때가 있습니다.

- 세탁기가 돌고 있을 때 세탁기 문을 열지 마세요.
  쉽게 고장이 날 수 있습니다.

- 세탁기에 빨래를 너무 많이 넣지 마세요.
  너무 많이 넣으면 빨래가 잘 안 됩니다.

① • 버튼을 눌렀는데 작동이 안 되면 먼저 전원을 확인해 보세요.

② • 세탁기가 돌다가 멈추면 전원을 끄고 서비스 센터로 연락하세요.

③ • 세탁기는 평평한 곳에 두세요.
  바닥이 평평하지 않으면 세탁기가 돌 때 소리가 크게 납니다.

1) 빈칸에 들어갈 그림을 차례대로 연결하세요. Connect the number to the correct picture.

① • • ⓐ
② • • ⓑ
③ • • ⓒ

2. 여러분이 자주 쓰는 전자제품은 무엇입니까? 그 제품을 사용할 때 주의할 점을 써 보세요.
What is the piece of electronic equipment that you use frequently? Write precautions that should be followed when using the equipment.

정답 | 1. 1) ① ⓐ, ② ⓒ, ③ ⓑ

새 단어 New Vocabulary
주의 사항 precaution   놓다 to lay, to place   돌다 to spin   빨래 laundry   작동 operation, run
멈추다 to stop   끄다 to turn off   평평하다 to be flat   바닥 floor   두다 to put, to set

대화 Conversation

1과 노트북 화면이 안 나와요
My laptop screen won't turn on

Guillaume	Emily, you've dropped off your laptop at a repair center, right?
Emily	Yes, I have. Why do you ask?
Guillaume	Because my laptop isn't working. The screen hasn't turned on since yesterday. Where is the repair center?
Emily	It's nearby. Go straight this way and turn right. It'll be right there.
Guillaume	Thanks. I'm worried because I have a lot of preparation to do for a meeting and need to get it fixed quickly.
Emily	Don't worry. If you leave it with the repair center, they can fix it quickly.
Guillaume	I see, thanks. By the way, what time is it open until?
Emily	It's open until 6 p.m. Try to go there now.

2과 세탁기가 고장 나서 전화 드렸어요
I called because my washing machine is broken

Yuka	Hello. This is the repair center, right?
Employee	Yes, it is. What can I do for you?
Yuka	I called because my washing machine is broken. It was working fine until yesterday and then all of a sudden, it stopped working.
Employee	What's wrong with it?
Yuka	I turned it on, but it just makes a strange sound and doesn't work.
Employee	A repairman will probably have to take a look at it. When should I schedule you an appointment for?
Yuka	Can you come this afternoon?
Employee	Sorry, but because we're all booked today, we can't send a repairman to you. Is tomorrow at 10 a.m. okay?
Yuka	Yes. Schedule me for 10 a.m. tomorrow, please. Thank you.

7 모임 (Gatherings)

1과 금요일에 신입생 환영회에 갈 거예요?
Are you going to the freshmen welcome party on Friday?

- 모임에 대해 묻고 답하기 / Asking and answering about gatherings
- 모임 상황에 대해 추측하기 / Speculating about gatherings

어휘 Vocabulary

집들이 / 송별회 / 신입생 환영회 / 동창회

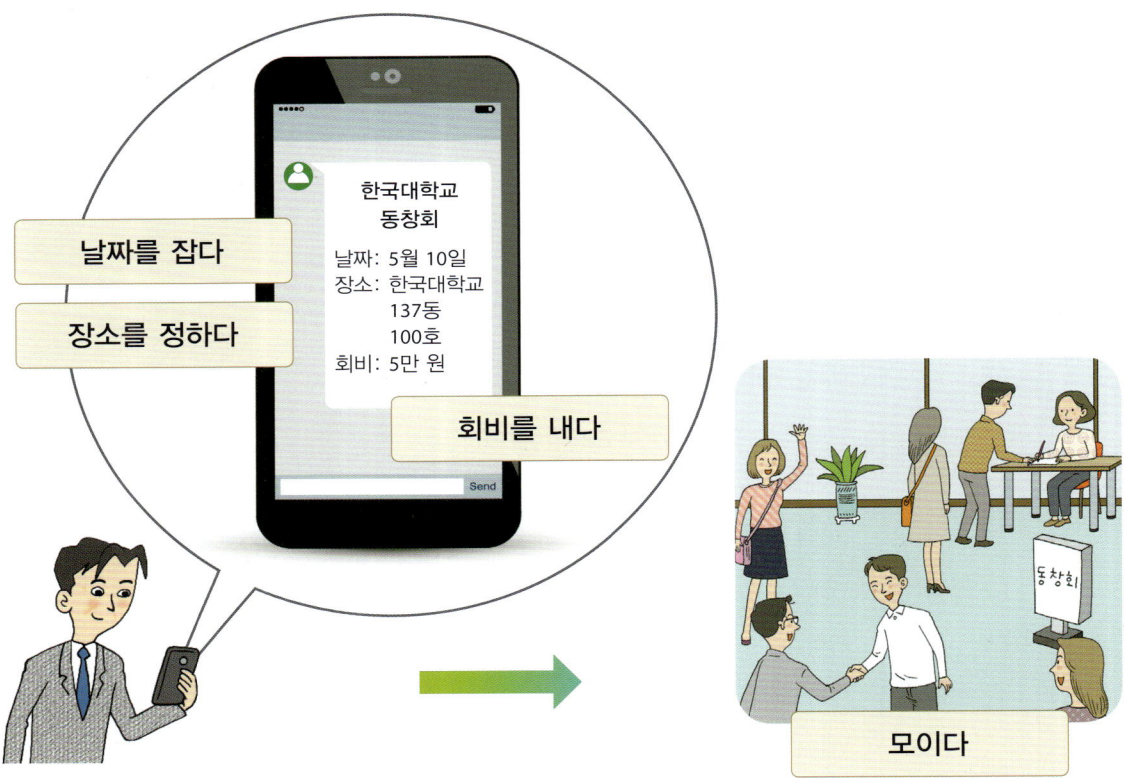

날짜를 잡다 / 장소를 정하다 / 회비를 내다 / 모이다

집들이 housewarming party   송별회 farewell party   신입생 환영회 freshmen welcome party
동창회 reunion   날짜를 잡다 to set a date   장소를 정하다 to decide on a location
회비를 내다 to pay a membership fee   모이다 to gather

핵심 표현 Key Expression ❶ | A/V-(으)ㄹ까요?

Track 66

A 양양 씨의 생일 선물로 뭘 사면 좋을까요?
B 양양 씨가 책을 좋아하니까 책을 사는 게 어때요?

A: What would be a good birthday gift for Yangyang?
B: Since he likes books, how about getting him a book?

 보기 와 같이 이야기해 보세요.
Create dialogues using the following words as shown in the example.

| 이 영화를 보다 | 내일 등산하다 | 저녁에 감자탕을 먹다 |
| 이 영화가 재미있다 | 내일 날씨가 좋다 | 감자탕이 맛있다 |

| 다음 달에 동창회를 하다 | 주말에 제주도에 가다 |
| 친구들이 많이 오다 | 비행기표가 있다 |

🔍 A/V-(으)ㄹ까요?

'-(으)ㄹ까요?' is used to guess something and ask for someone else's opinion.

오후에 비가 올까요?   친구들이 매운 음식을 잘 먹을까요?
무슨 영화가 재미있을까요?   이 책이 아이한테 어려울까요?

새 단어 New Vocabulary 감자탕 pork back bone stew

핵심 표현 Key Expression ❷ | A/V-(으)ㄹ 거예요

Track 67

A 지금 학생 식당에 사람이 많을까요?
B 많을 거예요. 이 시간에는 항상 사람이 많아요.

A: Do you think there are a lot of people at the cafeteria right now?
B: There will be many people. There are always a lot of people at this time of the day.

 보기 와 같이 이야기해 보세요.
Create dialogues using the following words as shown in the example.

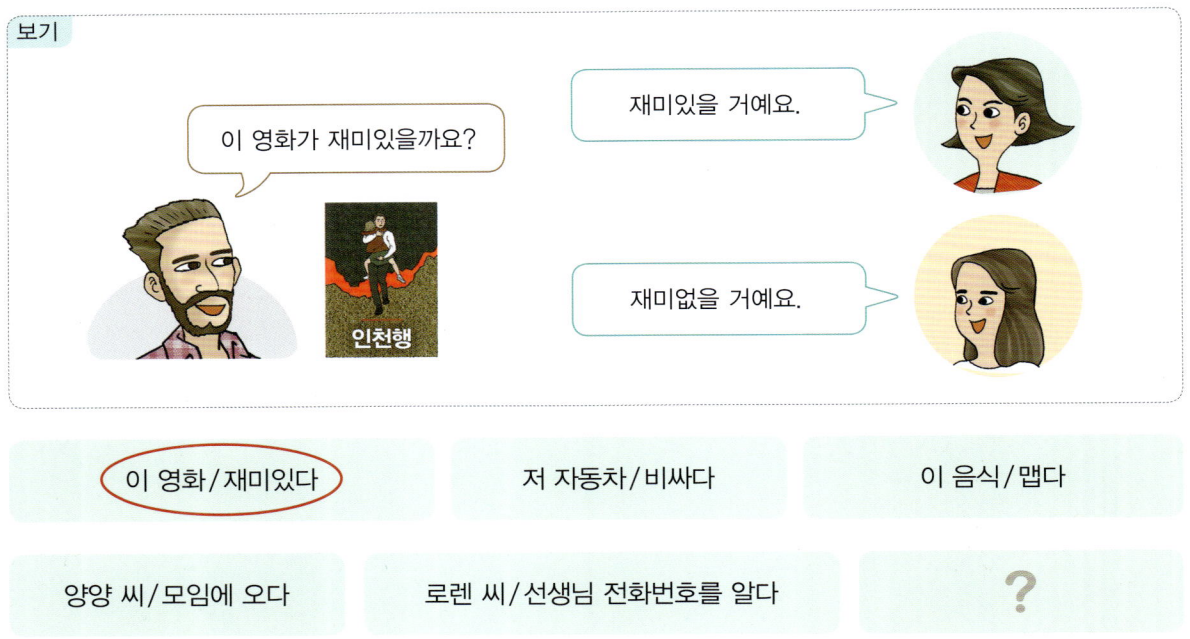

| 이 영화/재미있다 | 저 자동차/비싸다 | 이 음식/맵다 |

| 양양 씨/모임에 오다 | 로렌 씨/선생님 전화번호를 알다 | ? |

🔍 A/V-(으)ㄹ 거예요

'-(으)ㄹ 거예요' is used to make an assumption about something.

이 운동화가 편할 거예요.
버스가 곧 도착할 거예요.

휴일이라서 극장에 사람이 많을 거예요.
팅팅 씨는 한국 음식을 잘 먹을 거예요.

새 단어 New Vocabulary   곧 soon

말하기 Speaking

유카   양양 씨, 금요일에 신입생 환영회에 갈 거예요?
양양   네, 갈 거예요. 유카 씨도 갈 거지요?
유카   글쎄요. 아직 잘 모르겠어요.
       그런데 신입생 환영회에 가면 친구를 많이 사귈 수 있을까요?
양양   네, 친구를 많이 사귈 수 있을 거예요. 다른 신입생들도 많이 가요.
유카   그래요? 그럼 가는 게 좋을 것 같네요.
양양   그럼 우리 만나서 같이 갈까요?
유카   좋아요. 금요일에 연락할게요.

 친구와 이야기해 보세요. Create conversations using the following words with your partner.

1)	2)	3)	4)
잘 모르겠다	생각 중이다	고민하고 있다	결정 못 하다
친구를 많이 사귈 수 있다	재미있다	학교생활에 대해 많이 알 수 있다	대학 생활에 도움이 되다
다른 신입생들도 많이 가다	여러 가지 재미있는 활동을 하다	졸업생들과 이야기하는 시간이 있다	교수님들이 와서 조언을 해 주다

새 단어 / New Vocabulary
글쎄요 well (I'm not sure)   (친구를) 사귀다 to make friends   생각 중 in the middle of thinking
활동 activity   고민하다 to debate (whether to do something or not), to worry   졸업생 a graduate
결정하다 to decide   도움이 되다 to be of help to   교수님 professor   조언 advice

듣기 Listening

1. 잘 듣고 알맞은 것을 연결하세요.
Listen to the conversations and connect the name of the person to the correct activity.

Track 69

1) 기욤 •
2) 민준 •
3) 양양 •

• ① 집들이
• ② 송별회
• ③ 동창회
• ④ 신입생 환영회

2. 잘 듣고 질문에 답하세요.
Listen to the conversation and answer the questions.

Track 70

1) 두 사람은 어디에 가려고 합니까? Where are the two people going?

① 도서관   ② 독서 모임   ③ 서점

2) 맞으면 ○, 틀리면 ×표 하세요. If the statement is correct, write ○. If not, then write ×.

① 여자는 소설을 좋아합니다. (   )
② 남자는 여자를 모임에 초대했습니다. (   )
③ 남자는 여자에게 책을 추천했습니다. (   )

3. 잘 듣고 질문에 답하세요.
Listen to the conversation and answer the questions.

Track 71

1) 맞는 것을 고르세요. Choose the correct statement.

① 남자는 미국에 가 본 적이 없어요.
② 여자는 남자에게 줄 선물을 샀어요.
③ 도쿄는 요즘 서울보다 더 더울 거예요.

2) 남자는 왜 일본에 가려고 합니까? Why is the man going to Japan?

새 단어 New Vocabulary
독서 모임 book discussion club
소설 novel   추천하다 to recommend

정답 | 1. 1) ③ 2) ① 3) ②   2. 1) ② 2) ① (○) ② (○) ③ (×)   3. 1) ③ 2) ①

과제 Tasks and Activities

 우리 반 친구들에 대해 추측해 보세요.
Guess things about your classmates.

1. 여러분은 우리 반 친구들에 대해 얼마나 알고 있어요? 우리 반 친구들에 대한 질문을 만들어 보세요. How much do you know about your classmates? Create questions about your classmates.

누가 한국 영화를 제일 많이 봤을까요?	누구의 집이 학교에서 제일 가까울까요?	누구 휴대폰에 사진이 제일 많을까요?
누가 제일 키가 클까요?	오늘 누가 학교에 일찍 왔을까요?	?

2. 여러분이 만든 질문을 가지고 친구들과 추측해서 이야기해 보세요.
Using the questions that you created, talk with your classmates.

 누가 한국 영화를 제일 많이 봤을까요?

 유카 씨가 제일 많이 봤을 거예요. 매주 영화 동아리에 가니까요.

 글쎄요, 제 생각에는 에바 씨가……

3. 여러분의 추측이 맞는지 반 친구들에게 확인해 보세요.
Check with your classmates to see if what you guessed is correct.

 전 한국 영화를 열 편쯤 봤어요. 에바 씨는요?

 저는 열다섯 편쯤 봤어요.

 그럼 에바 씨가 한국 영화를 제일 많이 봤네요.

새 단어 New Vocabulary 키가 크다 to be tall   편 unit noun for counting movie, drama, etc.

7 모임
Gatherings

2과 우리 같은 신입생이니까 말 놓을까요?
Since we're both freshmen, shall we speak casually?

• 친밀하게 묻고 답하기
Asking and answering intimately

어휘 Vocabulary

높임말을 쓰다 to use honorific speech   말을 놓다 to go from formal to casual speech
반말하다 to speak casually   선배 one's senior   후배 one's junior   동갑 same age

핵심 표현 Key Expression ❶ | 반말(A/V – 아/어, N(이)야, A/V – 았어/었어)

Track 72

A 오늘 학교에 안 가?
B 응, 안 가. 오늘부터 방학이야.

A: Are you not going to school today?
B: No, I'm not. School vacation starts today.

> 반말은 서술문과 의문문의 경우 모두 '– 아/어'를 사용한다. 서술문의 경우 억양을 내리고, 의문문의 경우 억양을 올린다.
> Regarding casual speech, use '– 아/어' for both descriptive and interrogative sentences. A falling intonation is made for descriptive sentences and a rising intonation is made for interrogative sentences.
>
> 반말을 쓸 때는 '네', '아니요' 대신 '응', '아니'를 쓴다.
> When speaking casually, use '응', '아니' instead of '네', '아니요'.

 보기 와 같이 반말로 바꿔서 이야기해 보세요.
Change the questions to casual speech and create dialogues as shown in the example.

| 오늘 약속 있어요? | 오늘 회사에 가요? | 어제 뭐 했어요? |
| 지금 몇 시예요? | 취미가 뭐예요? | ? |

🔍 **반말(A/V – 아/어, N(이)야, A/V – 았어/었어)**

Use casual speech for informal situations when the listener is of lower social status than the speaker or if the two people are friendly with each other. For the present tense, use '– 아/어' in place of '– 아요/어요'. For the past tense, use '– 았어/었어' in place of '– 았어요/었어요'. For nouns, use '(이)야'.

나는 매일 7시에 일어나.   이 식당은 김밥이 맛있어.
주말에 뭐 했어?   유카는 일본 사람이야.

핵심 표현 Key Expression ❷ | 반말(A/V-(으)ㄹ 거야, V-아/어, V-자)

Track 73

A 내일 모임에 갈 거야?
B 응, 갈 거야.
A 그럼 만나서 같이 가자.

A: Are you going to the gathering tomorrow?
B: Yeah, I'm going.
A: Well, let's meet up and go together then.

 그림을 보고 보기 와 같이 이야기해 보세요.
Create dialogues for the following pictures as shown in the example.

🔍 반말(A/V-(으)ㄹ 거야, V-아/어, V-자)

When using casual speech in the future tense, use '-(으)ㄹ 거야' in place of '-(으)ㄹ 거예요'. For imperative sentences, use '-아/어', and use '-자' for a sentence that requests someone to do something together with the speaker.

내일 공원에 갈 거야.　　　　　　　　　집에 도착하면 나한테 전화해.
건강에 안 좋으니까 담배 피우지 마.　　오늘 점심 같이 먹자.

108　7. 모임

말하기 Speaking

양양 안녕하세요? 저는 경영학과 신입생 양양이에요.
유미 안녕하세요? 저도 신입생이에요. 저는 유미예요.
양양 아, 그래요? 그럼 우리 같은 신입생이니까 **말 놓을까요**?
유미 그래, 그럼 **말 놓자**. 그런데 너 동아리에 가입했어?
양양 아니, 아직 안 했어. 너는?
유미 난 **등산하는 걸** 좋아해서 **등산** 동아리에 가입하려고 해.
양양 그래? 나도 **등산**을 좋아하는데.
유미 그럼 우리 같이 **등산** 동아리에 가입할까?
양양 좋아. 그럼 내일 같이 동아리 방에 가 보자.

친구와 이야기해 보세요. Create conversations using the following words with your partner.

1) 말을 놓다 / 등산하다
2) 반말하다 / 영화를 보다
3) 반말을 쓰다 / 여행을 하다
4) 편하게 말하다 / 스키를 타다

새 단어 New Vocabulary 경영학과 department of business administration

듣기 | Listening

1. 두 사람은 무슨 관계입니까? 잘 듣고 알맞은 것을 연결하세요.
What type of relationship do the two people have? Listen to the conversations and connect the number to the correct picture. Track 75

1) •   2) •   3) •

①    ②    ③    ④

2. 잘 듣고 질문에 답하세요. Listen to the conversation and answer the questions.
Track 76

1) 여자는 왜 남자에게 전화했습니까? Why did the woman call the man?

  ① 내일 만날 장소를 정하려고
  ② 아딜라 씨의 전화번호를 물어보려고
  ③ 새로 바꾼 휴대폰 번호를 알려 주려고

3. 잘 듣고 질문에 답하세요. Listen to the conversation and answer the questions.
Track 77

1) 남자는 주말에 무엇을 했습니까? What did the man do on the weekend?

①    ②    ③

2) 맞으면 ○, 틀리면 ×표 하세요. If the statement is correct, write ○. If not, then write ×.

  ① 여자는 주말에 집에서 쉬었어요.   (   )
  ② 여자는 야구장에 가 본 적이 있어요.   (   )
  ③ 남자는 야구를 좋아해서 야구장에 자주 가요.   (   )

새 단어 New Vocabulary 물어보다 to ask   새로 newly   야구장 baseball field

정답 | 1. 1) ① 2) ③ 3) ② 2. 1) ② 3. 1) ③ 2) ① (○) ② (×) ③ (×)

과제 Tasks and Activities

 십 년 후에 우리 반 친구들을 동창회에서 만난다고 생각해 보세요.
Imagine meeting your classmates at a reunion in ten years.

1. 여러분은 십 년 후에 무엇을 하고 있을 것 같습니까? 여러분의 십 년 후 모습을 상상해 보세요.
What do you think you'll be doing in ten years? Imagine how you will appear ten years from now.

1. 하는 일 : _____.
2. 사는 곳 : _____.
3. 가족 : _____.
4. _____.

2. 십 년 후에 우리 반 친구들은 어떤 모습일까요? 친구와 함께 우리 반 친구들의 모습을 추측해 보세요. How will your classmates appear in 10 years? With the partner next to you, guess what your classmates will be like in 10 years.

민수 씨는 무슨 일을 하고 있을까요?

아마 유명한 기자가 되어서 방송국에서 일하고 있을 거예요.

3. 십 년 후 우리는 동창회에서 만났습니다. 가상의 동창회를 한다고 생각하고 반말로 서로의 안부를 묻고 그동안 있었던 일을 이야기해 보세요.
You met everyone at a ten year reunion. Think of it as a virtual reunion, ask each other questions using casual speech, and talk about what has happened.

그동안 잘 지냈어? 요즘 무슨 일 해?

난 유명한 기자가 됐어.
'올해의 기자상'도 받았어.
넌 요즘 어떻게 지내? 결혼했어?

새 단어 New Vocabulary 아마 maybe   방송국 broadcasting station   올해 this year   지내다 to pass time

읽고 쓰기 Reading and Writing

1. 왕린 씨는 고민이 있어서 친구에게 메일을 썼습니다. 다음을 읽고 질문에 답하세요.
Wanglin wrote an email to his friend because he is worried. Read the following email and answer the questions.

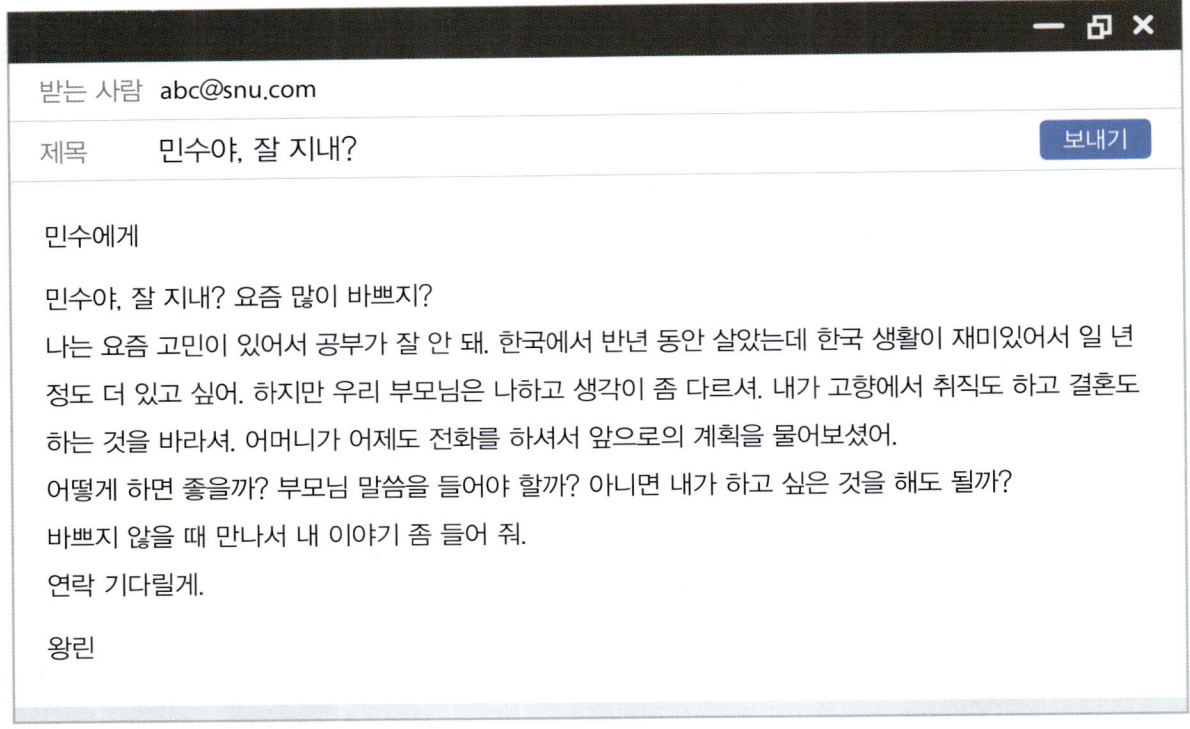

받는 사람 abc@snu.com
제목 민수야, 잘 지내?

민수에게

민수야, 잘 지내? 요즘 많이 바쁘지?
나는 요즘 고민이 있어서 공부가 잘 안 돼. 한국에서 반년 동안 살았는데 한국 생활이 재미있어서 일 년 정도 더 있고 싶어. 하지만 우리 부모님은 나하고 생각이 좀 다르셔. 내가 고향에서 취직도 하고 결혼도 하는 것을 바라셔. 어머니가 어제도 전화를 하셔서 앞으로의 계획을 물어보셨어.
어떻게 하면 좋을까? 부모님 말씀을 들어야 할까? 아니면 내가 하고 싶은 것을 해도 될까?
바쁘지 않을 때 만나서 내 이야기 좀 들어 줘.
연락 기다릴게.

왕린

1) 왕린 씨의 고민은 무엇입니까? What is Wanglin's concern?
① 취직을 하고 싶은데 취직이 안 됩니다.
② 한국에 있고 싶은데 부모님이 반대합니다.
③ 고향에서 공부를 하고 싶은데 돈이 없습니다.

2) 맞는 것을 고르세요. Choose the correct statement.
① 왕린의 부모님은 한국에 계십니다.
② 왕린은 어제 어머니와 전화했습니다.
③ 왕린은 일 년 동안 한국에서 살았습니다.

2. 여러분이 왕린 씨의 친구라면 어떤 조언을 해 주겠습니까? 써 보세요.
If you were Wanglin's friend, what kind of advice would you give him? Write it down.

새 단어 / New Vocabulary: 제목 title 바라다 to wish 앞으로의 in the future 반대하다 to oppose

대화 Conversation

1과 금요일에 신입생 환영회에 갈 거예요?
Are you going to the freshmen welcome party on Friday?

Yuka	Yangyang, are you going to the freshmen welcome party on Friday?
Yangyang	Yes, I'm going. You're going too, right?
Yuka	Well, I'm not sure yet. By the way, if I go, can I make a lot of new friends?
Yangyang	Yes, you'll be able to make lots of friends. Lots of other freshmen are going too.
Yuka	Really? Well, it might be good to go then.
Yangyang	Then, shall we meet up and go together?
Yuka	Sounds good. I'll contact you on Friday.

2과 우리 같은 신입생이니까 말 놓을까요?
Since we're both freshmen, shall we speak casually?

Yangyang	Hello. I'm Yangyang, a freshman business major.
Yumi	Hello. I'm a freshman too. I'm Yumi.
Yangyang	Ah, is that so? Since we're both freshmen then, shall we speak casually?
Yumi	Sure, let's speak freely. By the way, have you signed up for an activity club?
Yangyang	No, not yet. How about you?
Yumi	Since I like hiking, I'm going to sign up for the hiking club.
Yangyang	Really? I like hiking too.
Yumi	Well, shall we sign up together then?
Yangyang	Sounds good. Let's drop by the hiking club office tomorrow.

8 변화 Change

1과 부산에서 살다가 서울로 오게 됐어
We were living in Busan and ended up moving to Seoul

- 변화에 대해 묘사하기 Describing change
- 성장 배경에 대해 설명하기 Explaining about growing up

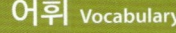

어휘 Vocabulary

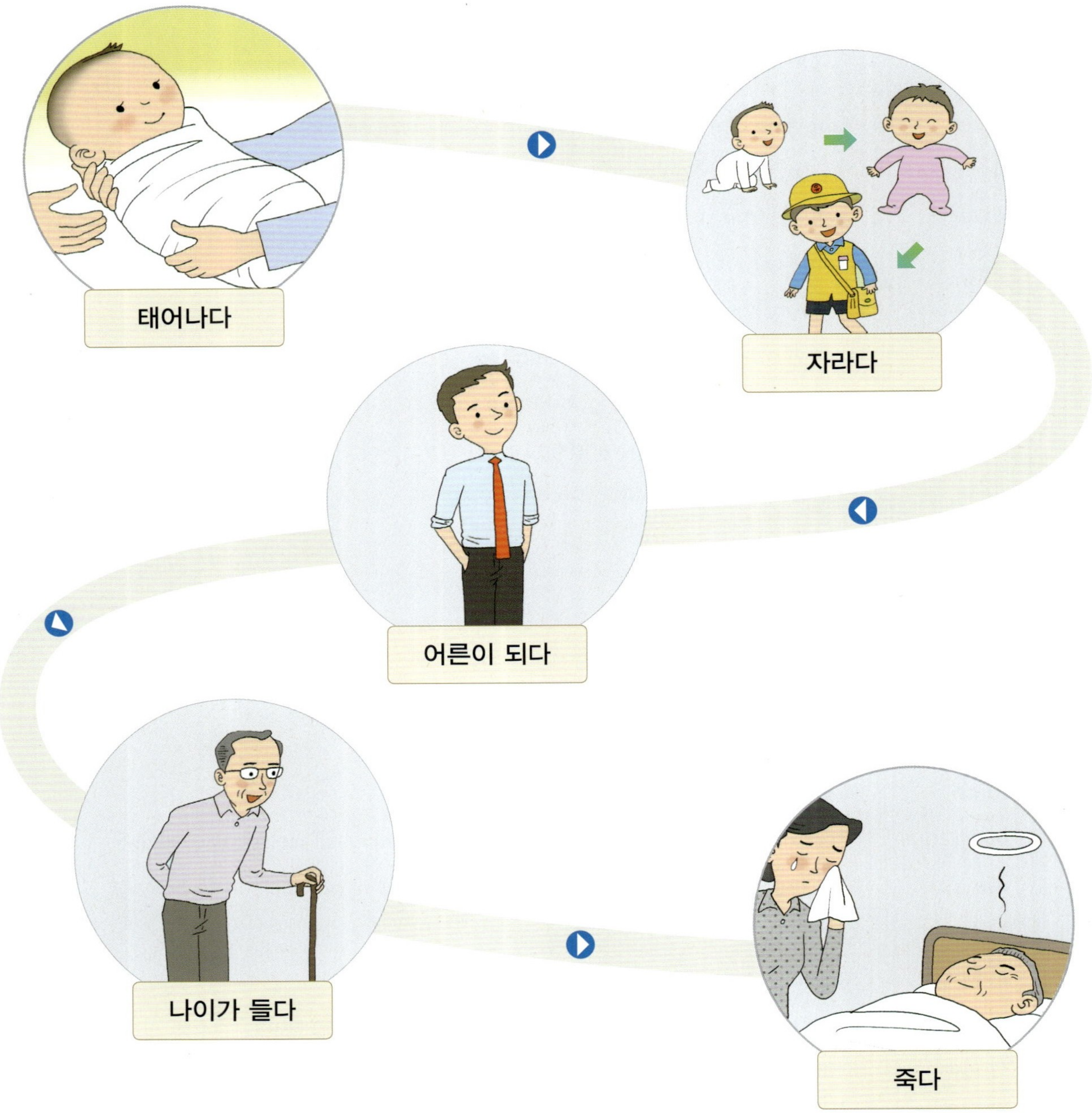

태어나다

자라다

어른이 되다

나이가 들다

죽다

태어나다 to be born   자라다 to grow up   어른이 되다 to become an adult
나이가 들다 to grow older   죽다 to die

핵심 표현 Key Expression ❶ | A – 아지다/어지다

Track 78

A 아직도 머리가 많이 아파요?
B 아니요, 지금은 좀 괜찮아졌어요.

A: Does your head still hurt a lot?
B: No, I'm feeling better now.

 그림을 보고 보기 와 같이 이야기해 보세요.
Create dialogues from the questions as shown in the example.

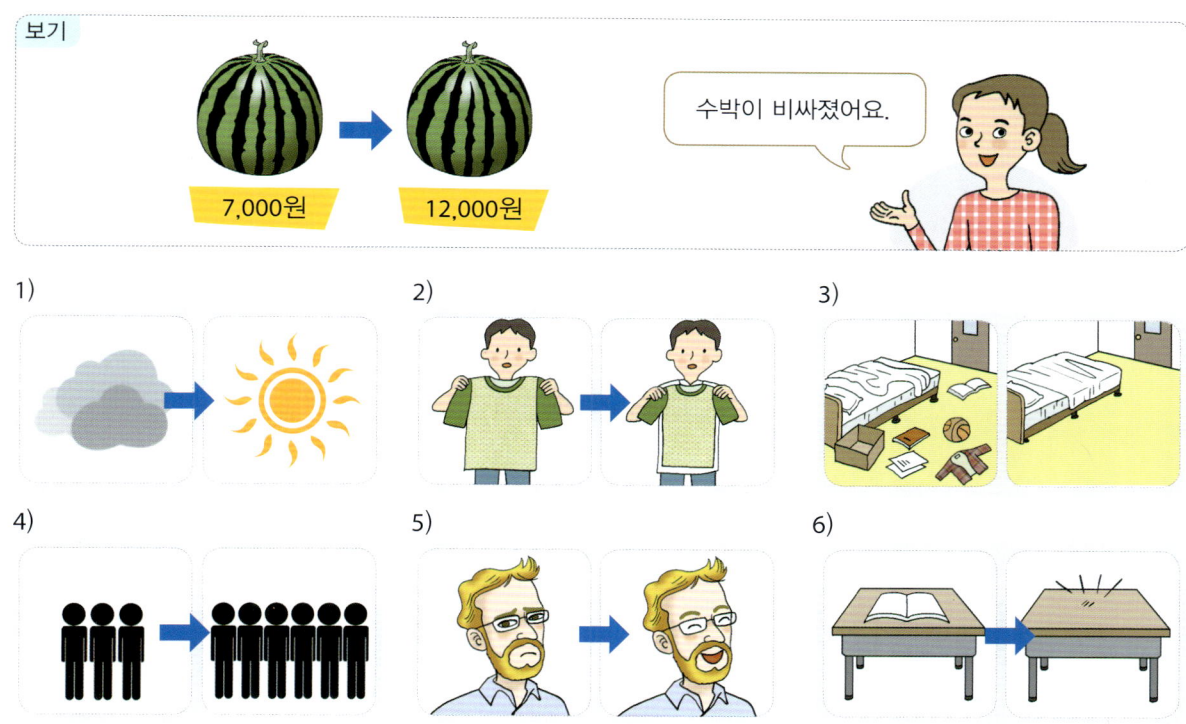

🔍 A – 아지다 / 어지다

'– 아지다/어지다' indicates a gradual change resulting in a change of state.

작년보다 한국어를 배우는 학생이 많아졌어요. 지우 씨와 같이 운동하면서 친해졌어요.
제 고향은 10년 전과 많이 달라졌어요. 날씨가 점점 추워져요.

새 단어
New Vocabulary 전 before

8-1. 부산에서 살다가 서울로 오게 됐어 | 115

핵심 표현 Key Expression ❷ | V-게 되다

Track 79

A 민준 씨, 기욤 씨를 어떻게 알게 됐어요?
B 에밀리 씨가 소개해 줘서 알게 됐어요.

A: Minjun, how did you get to know Guillaume?
B: Emily introduced us, so that's how I got to know him.

 고향에 있을 때와 한국에서 살 때를 비교해 보세요. 뭐가 달라졌는지 보기 와 같이 이야기해 보세요.
Compare living in your hometown with living in Korea. Talk about what has changed as shown in the example.

보기

고향에서	한국에서
• 요리를 안 했어요.	• 요리를 자주 해요.
• 자전거를 타고 다녔어요.	• 버스나 지하철을 많이 타요.
• 매운 음식을 안 먹었어요.	• 매운 음식을 잘 먹어요.
• 인터넷을 많이 안 했어요.	• 인터넷을 많이 해요.
• 외국 친구가 없었어요.	• 외국 친구를 많이 사귀었어요.
• 집안일을 거의 안 했어요.	• 집안일을 많이 해요.
• _____ ?	• _____ ?

 한국에 와서 뭐가 달라졌어요?

고향에서는 요리를 안 했는데 한국에서는 요리를 자주 하게 됐어요.

🔍 V-게 되다

'-게 되다' indicates that a situation is affected externally and becomes a different state.

출장 때문에 다음 주에 중국에 가게 됐어요. | 한국에 와서 한국 음식을 자주 먹게 됐어요.

새 단어 New Vocabulary 집안일 housework, chores

116 8. 변화

말하기 Speaking

에바 와, 집에 사진이 많네. 이 사진은 언제 찍은 거야?
민준 이건 중학교 때 부산에서 찍은 사진이야.
에바 그래? 부산에서 살았어?
민준 응. 부산에서 살다가 아버지 회사 일 때문에 서울로 오게 됐어.
에바 어, 근데 네 옆에 있는 이 사람은 가수 김민수 아니야?
민준 맞아. 중학교 때 같이 음악 동아리 활동을 했는데 그때 친해졌어.
에바 그래? 요즘에도 자주 만나?
민준 예전에는 자주 만났는데 요즘은 민수가 너무 바빠져서 못 만나.

친구와 이야기해 보세요. Create conversations using the following words with your partner.

1)
- 서울로 오다
- 음악 동아리 활동을 하다
- 너무 바쁘다

2)
- 서울로 이사하다
- 봉사 활동을 하다
- 공연이 많다

3)
- 서울에서 살다
- 학원에 다니다
- 인기가 많다

4)
- 서울로 전학을 오다
- 학교 축제를 준비하다
- 유명하다

새 단어 New Vocabulary 근데 by the way   예전 the old days   전학 transferring of schools

듣기 Listening

1. 오늘 날씨는 어떻습니까? 일기 예보를 잘 듣고 알맞은 것을 연결하세요.
How's the weather today? Listen to the weather forecast and connect the number to the correct weather description.

1) •

2) •

3) •

• ①

• ②

• ③

• ④

2. 잘 듣고 질문에 답하세요. Listen to the conversation and answer the questions.

1) 지금 서울식당은 어떻게 달라졌습니까? 모두 고르세요.
How has Seoul Restaurant changed now? Choose all that apply.

① 식당이 깨끗해졌어요.　② 음식 가격이 싸졌어요.　③ 식당이 넓어졌어요.
④ 음식이 맛있어졌어요.　⑤ 직원이 더 친절해졌어요.　⑥ 음식 종류가 다양해졌어요.

3. 잘 듣고 질문에 답하세요. Listen to the conversation and answer the questions.

1) 맞는 것을 고르세요. Choose the correct statement.

① 남자는 요리를 할 줄 몰라요.
② 남자는 기숙사로 이사할 거예요.
③ 남자는 빨래를 해 본 적이 없어요.

2) 여자의 생활은 어떻게 달라졌습니까? How has the woman's life changed?

① 여자는 요리에 관심이 많아졌어요.
② 여자는 가족과 함께 살게 되었어요.
③ 여자는 집안일을 안 하게 되었어요.

새 단어 New Vocabulary　함께 together

과제 Tasks and Activities

 생각하던 일이 실제로 일어난다면 그 후에 뭐가 달라질지 예상해 보세요.
If what you've been thinking about actually comes true, predict what will change after that.

1. 카드의 내용을 보고 이런 일이 일어나면 지금과 뭐가 어떻게 달라질지 생각해 보세요.
Look at the contents of your card and think about what it would be like if that happened.

- 취직하게 되면……
- 외국 여행을 가게 되면……
- 혼자 살게 되면……
- 결혼하게 되면……
- 대학에 가게 되면……
- 은퇴하게 되면……

2. 친구와 함께 앞으로 생길 변화에 대해 자유롭게 써 보세요.
With your partner, write freely about what will change in the future.

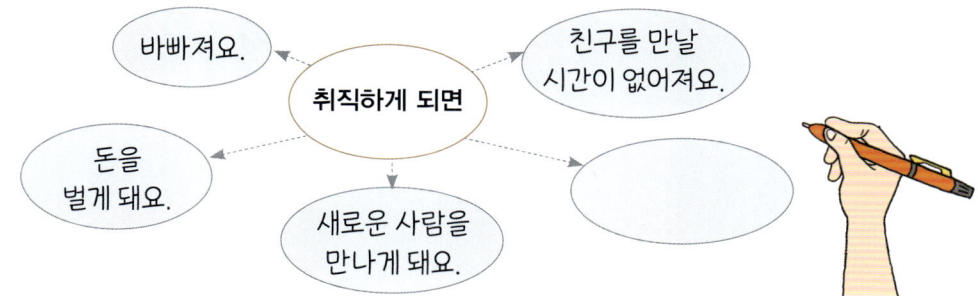

취직하게 되면
- 바빠져요.
- 친구를 만날 시간이 없어져요.
- 돈을 벌게 돼요.
- 새로운 사람을 만나게 돼요.

3. 다른 친구들이 쓴 내용과 비교하며 이야기해 보세요.
Read what other classmates wrote and talk about them in your group.

"취직하게 되면 지금보다 바빠질 거예요."

"맞아요, 하지만 돈을 많이 벌게 될 거예요."

새 단어 New Vocabulary   돈을 벌다 to earn money   새롭다 to be fresh

8 변화 Change

2과 대학교를 졸업한 후에 뭐 하고 싶어요?
What do you want to do after you graduate college?

- 상황의 순서에 대해 서술하기
  Describing the sequence of situations
- 생활의 변화에 대해 서술하기
  Describing changes in life

어휘 Vocabulary

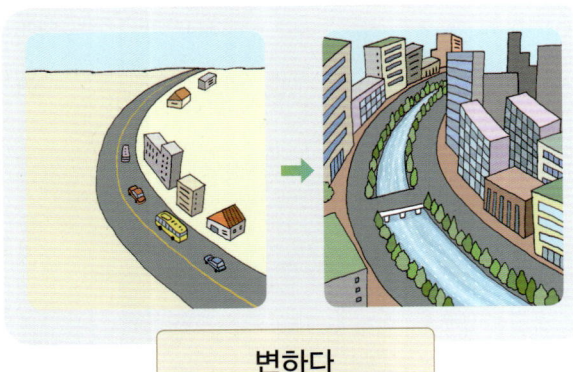

변하다

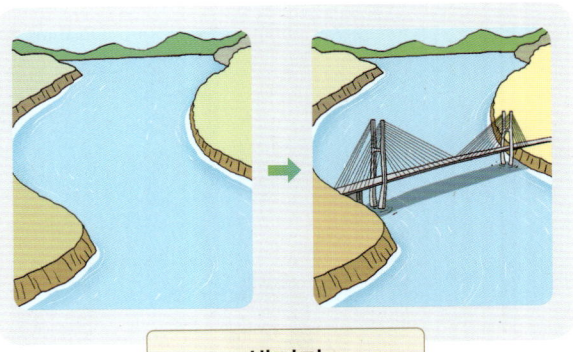

생기다

발전하다

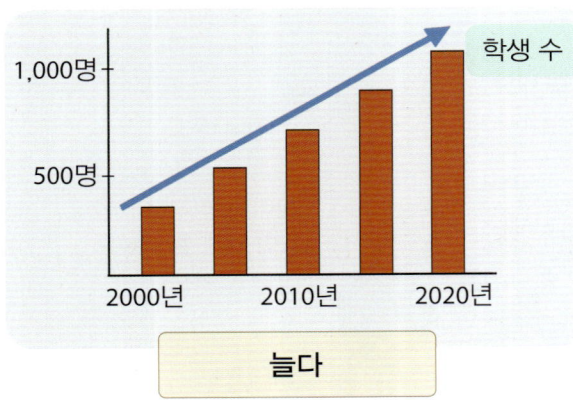

늘다

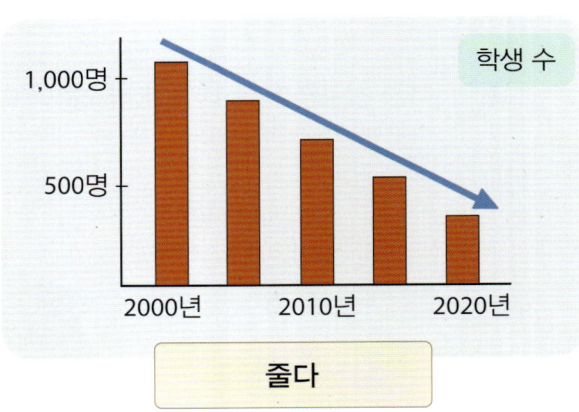

줄다

변하다 to change   생기다 to be formed   발전하다 to develop
늘다 to increase   줄다 to decrease

핵심 표현 Key Expression ❶ | V-기 전에

Track 84

A 에밀리 씨, 공연을 보기 전에 먼저 밥을 먹을까요?
B 네, 8시 공연이니까 그게 좋을 것 같아요.

A: Emily, shall we eat first before watching the play?
B: Sure. Since the play starts at 8 o'clock, that would be good.

 보기 와 같이 이야기해 보세요.
Ask and answer the questions as shown in the example.

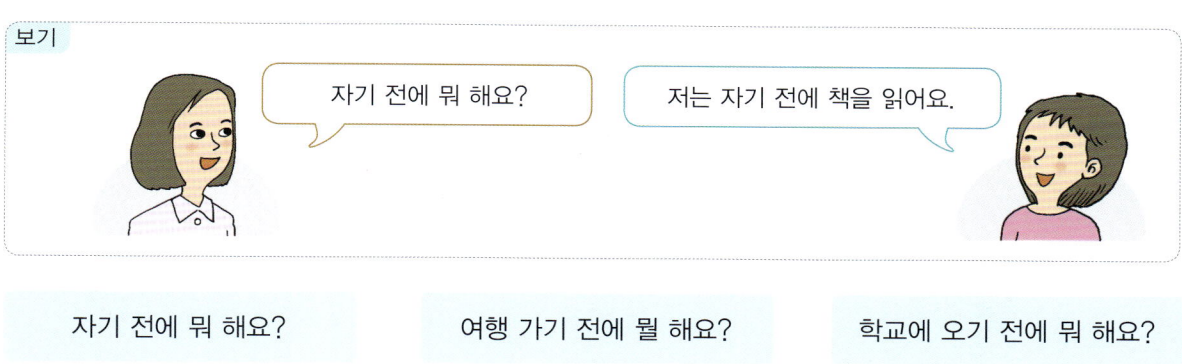

| 자기 전에 뭐 해요? | 여행 가기 전에 뭘 해요? | 학교에 오기 전에 뭐 해요? |

| 올해가 끝나기 전에 뭘 하고 싶어요? | 한국에 오기 전에 무슨 일을 했어요? | ? |

 V-기 전에

'-기 전에' indicates that something happens before doing something else.

수영하기 전에 준비 운동을 해요. | 밥을 먹기 전에 손을 씻으세요.

새 단어
New Vocabulary   준비 운동 warm-up exercise   씻다 to wash

핵심 표현 Key Expression ❷ | V-(으)ㄴ 후에

Track 85

A 대학교를 졸업한 후에 뭐 하고 싶어요?
B 저는 회사에 취직하고 싶어요.

A: What do you want to do after you graduate college?
B: I want to get a job at a company.

💬 보기 와 같이 이야기해 보세요.
Create dialogues as shown in the example.

보기

 저는 숙제를 한 후에 텔레비전을 봐요.

 그래요? 저는 텔레비전을 본 후에 숙제를 해요.

숙제를 하다	텔레비전을 보다	이를 닦다	세수하다
양말을 신다	옷을 입다	물을 마시다	밥을 먹다
설거지를 하다	청소하다	?	?

🔍 V-(으)ㄴ 후에

'-(으)ㄴ 후에' indicates that something happens after another thing has occurred.

이사한 후에 집들이를 했어요.
물건 값을 확인한 후에 돈을 내세요.

식사한 후에 약을 드세요.
친구들하고 논 후에 숙제를 했어요.

새 단어 New Vocabulary 양말 socks   식사를 하다 to have a meal   놀다 to play, to hang out

말하기 Speaking

안나 유카 씨는 언제 한국에 왔어요?
유카 3년 전에 왔어요. 한국에 온 후에 결혼했어요.
안나 그래요? 그럼 이제 한국 생활에 익숙해졌어요?
유카 네. 결혼하기 전에는 한국 음식도 할 줄 몰랐는데 지금은 잘하게 됐어요.
　　 안나 씨는 언제 한국에 왔어요?
안나 저는 6개월 전에 왔어요.
유카 그래요? 안나 씨는 한국 생활이 어때요?
안나 재미있어요. 그런데 가끔 한국 문화를 잘 몰라서 실수할 때가 있어요.
유카 저도 처음에는 그랬어요. 시간이 지나면 익숙해질 거예요.

친구와 이야기해 보세요. Create conversations using the following words with your partner.

1)	2)	3)	4)
결혼하다	대학교에 입학하다	한국어를 배우다	취직하다
한국 음식도 할 줄 모르다	한국 친구가 한 명도 없다	한글도 읽을 줄 모르다	한국 문화를 모르다
잘하다	한국 친구를 많이 사귀다	한국 소설도 잘 읽다	잘 알다

새 단어 New Vocabulary 익숙하다 to get used to   시간이 지나다 time goes by

듣기 Listening

1. 한국에 온 후에 무엇이 달라졌습니까? 잘 듣고 알맞은 것을 고르세요.
What has changed after coming to Korea? Listen to the conversations and choose the correct picture.

Track 87

1)

2)

3)

2. 잘 듣고 맞으면 ○, 틀리면 ×표 하세요.
Listen to the conversation and if the statement is correct, write ○. If not, then write ×.

Track 88

1) 지금은 옛날보다 학생 수가 늘었습니다. (　　)
2) 학교에 병원과 커피숍과 수영장이 생겼습니다. (　　)
3) 이 건물은 지금 도서관으로 사용하고 있습니다. (　　)

3. 잘 듣고 질문에 답하세요.
Listen to the conversation and answer the questions.

Track 89

1) 지금 무엇을 하고 있습니까? What are they doing?

① 　② 　③

2) 맞으면 ○, 틀리면 ×표 하세요. If the statement is correct, write ○. If not, then write ×.

① 하루에 물을 8잔 마시는 것이 적당합니다. (　　)
② 자기 전에는 물을 안 마시는 것이 좋습니다. (　　)
③ 식사 전후 30분 동안은 물을 안 마시는 것이 좋습니다. (　　)

정답 | 1. 1) ② 2) ① 3) ②　2. 1) (○) 2) (×) 3) (×)　3. 1) ① 2) ① (○) ② (○) ③ (○)

새 단어 New Vocabulary　수 number (of)　적당하다 to be proper, to be suitable　전후 before and after

과제 Tasks and Activities

 여러분이 다니는 학교에 고향 친구가 왔습니다. 학교를 소개하는 투어 코스를 만들어 보세요.
Your hometown friend came to visit your school. Create a campus tour schedule.

1. 카드에 소개하고 싶은 장소와 거기에서 뭘 하면 좋은지 써 보세요.
On separate cards, write the place that you want to introduce and what is good to do there.

미술관	박물관	전통찻집
• 그림을 구경 해요.	•	• 유자차를 마셔요.
•	•	•

기념품 가게	학생 식당	교문
•	• 점심을 먹어요.	• 사진을 찍어요.
•	•	•

2. 2-3명씩 팀을 만들어서 소개하고 싶은 장소들에 대해 이야기하고 그 장소를 연결해서 재미있는 투어 코스를 만들어 보세요. Form teams of 2-3 people. Talk about the places that you want to introduce and combine the places to create a fun campus tour.

3. 친구들 앞에서 발표하고 제일 좋은 투어 코스를 뽑으세요.
Present your campus tour to the class and select the best tour.

우리 학교는 교문이 아주 유명해요. 그래서 먼저 교문 앞에서 사진을 찍은 후에 학교 미술관으로 갈 거예요. 미술관에서 ……

새 단어 New Vocabulary 전통찻집 traditional teahouse   기념품 souvenir   교문 school gate, entrance

읽고 쓰기 Reading and Writing

1. 다음을 읽고 질문에 답하세요.
Read the following and answer the questions.

1인 가구↑ … 2025년에 30%↑

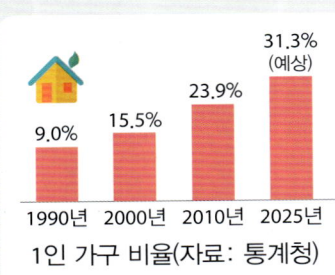
1인 가구 비율(자료: 통계청)

한 집에 한 명만 사는 1인 가구의 수가 2000년 이후 크게 늘고 있습니다. 1990년에는 1인 가구의 비율이 9%였지만 2000년에는 15.5%, 2010년에는 23.9%로 늘었습니다. 2025년에는 1인 가구의 비율이 31.3%가 될 것으로 예상하고 있습니다.

1인 가구의 수가 많아진 것에는 여러 가지 이유가 있습니다. 가장 큰 이유는 결혼하는 사람들이 적어진 것입니다. 요즘 젊은 사람들은 결혼을 꼭 해야 하는 것으로 생각하지 않습니다.

그리고 전에는 부모님의 연세가 많아지거나 부모님 한 분이 돌아가시면 자녀들이 부모님을 모시고 살았습니다. 하지만 요즘에는 _____ 노인들이 많습니다. 이런 이유 때문에 앞으로도 1인 가구의 수는 계속 늘 것입니다.

1) 맞으면 ○, 틀리면 ×표 하세요. If the statement is correct, write ○. If not, then write ×.

① 1990년 이후 1인 가구의 비율이 계속 늘었습니다. (   )
② 2025년에는 1인 가구의 비율이 30%를 넘을 것입니다. (   )
③ 2000년 이후 10년 동안 1인 가구의 비율은 두 배로 늘었습니다. (   )

2) 빈칸에 들어갈 내용으로 알맞은 것을 고르세요. Choose the correct statement that goes in the blank of the passage.

① 자녀와 함께 사는
② 부모님을 모시고 사는
③ 자녀와 살지 않으려고 하는

2. 여러분의 나라에서 최근에 일어난 큰 변화는 무엇입니까? 예전과 비교해서 써 보세요.
What is the biggest change in your country recently? Compare it to the past and write about it.

새 단어 New Vocabulary
1인 가구 single-person household 비율 ratio 예상하다 to expect 이유 reason 적다 to be few
자녀 sons and daughters 모시고 살다 to live with (someone older) 넘다 to exceed 배 twofold, times, multiplier

대화 Conversation

1과 부산에서 살다가 서울로 오게 됐어
We were living in Busan and ended up moving to Seoul

Eva	Wow, you have a lot of pictures at home. When did you take this picture?
Minjun	I took this picture in Busan when I was in middle school.
Eva	Really? You lived in Busan?
Minjun	Yeah. We were living there and ended up moving to Seoul because of my father's work.
Eva	Ah, but isn't that the singer Minsu Kim next to you?
Minjun	Right. We were part of the music club in middle school and became close.
Eva	Is that so? Do you still see him often these days?
Minjun	We used to hang out a lot back in the day, we don't see each other because Minsu has become too busy these days.

2과 대학교를 졸업한 후에 뭐 하고 싶어요?
What do you want to do after you graduate college?

Anna	Yuka, when did you come to Korea?
Yuka	I came 3 years ago. I got married after I came to Korea.
Anna	Is that so? Well, have you gotten used to Korean life?
Yuka	Yes. I didn't know how to cook Korean food before I got married, but now I'm good at it. When did you come to Korea, Anna?
Anna	I came 6 months ago.
Yuka	Really? What do you think about Korean life?
Anna	It's fun. But, sometimes there are times when I make mistakes because I don't know Korean culture well.
Yuka	It was the same for me at first. You'll become more accustomed as time goes by.

9. 명절 Holidays

1과 가족처럼 지내는 친구들이 있어서 괜찮아요
It's okay because I have friends who are like family

- 묘사하기 Describing
- 상황에 대해 추측하기 Guessing about situations

어휘 Vocabulary

명절

설날(음력 1월 1일)   추석(음력 8월 15일)

차례를 지내다

성묘를 가다

윷놀이를 하다

명절 holiday   설날 Seollal (Lunar New Year's Day)   추석 Chuseok (Korean Thanksgiving Day)
차례를 지내다 to hold a memorial service for ancestors   성묘를 가다 to visit an ancestor's grave
윷놀이를 하다 to play a traditional Korean game 'Yut'

핵심 표현 Key Expression ❶ | N처럼

A 한국 생활에 많이 익숙해졌어요?
B 네. 이제 한국이 고향처럼 편해요.

A: Have you become pretty accustomed to Korean life?
B: Yes. Korea now feels as comfortable to me as my hometown does.

💬 보기 와 같이 이야기해 보세요.
Complete the sentences using the following words as shown in the example.

가수

어른

화가

요리사

영화배우

운동선수

보기
스티안 씨는 가수처럼 노래를 잘해요.

1) 건우 씨는 _____ 운동을 잘해요.

2) 수지 씨는 _____ 예뻐요.

3) 기욤 씨는 _____ 그림을 잘 그려요.

4) 호세 씨는 _____ 요리를 잘해요.

5) 제 동생은 초등학생인데 _____ 말해요.

🔍 **N처럼**

'처럼' indicates that a shape or action is similar or identical to the preceding noun.

제 동생은 수영 선수처럼 수영을 잘해요. | 내 친구는 농구 선수처럼 키가 커요.

새 단어
New Vocabulary   화가 artist, painter

9-1. 가족처럼 지내는 친구들이 있어서 괜찮아요   129

핵심 표현 Key Expression ❷ | A/V-겠-

Track 91

A 회사 일이 너무 많아서 며칠 동안 잠을 잘 못 잤어요.
B 그래요? 정말 피곤하겠어요.

A: I haven't slept well for a few days because I have so much office work to do.
B: Is that so? You must be really tired.

 보기 와 같이 이야기해 보세요.
Create dialogues using the following words as shown in the example.

- 배고프다
- 심심하다
- 아프다
- 재미있다
- 바쁘다
- 떨리다

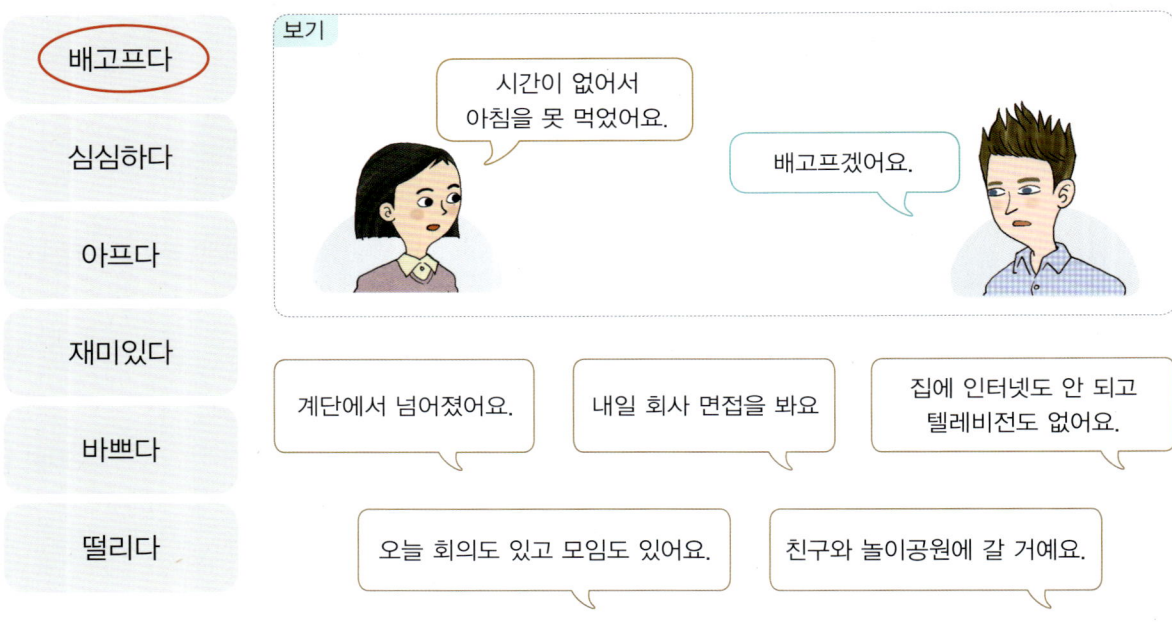

보기
시간이 없어서 아침을 못 먹었어요.
배고프겠어요.

계단에서 넘어졌어요.
내일 회사 면접을 봐요
집에 인터넷도 안 되고 텔레비전도 없어요.
오늘 회의도 있고 모임도 있어요.
친구와 놀이공원에 갈 거예요.

A/V-겠-

'-겠-' indicates speculation about something or a situation.

A: 이거 제가 만든 케이크인데 한번 먹어 보세요.
B: 정말 맛있겠어요.

A: 이 책은 아이들한테 좋을 것 같아요.
B: 맞아요. 그림이 많아서 쉽게 이해하겠어요.

새 단어 New Vocabulary 계단 stairs 심심하다 to be bored 넘어지다 to fall, to trip 놀이공원 amusement park 이해하다 to understand

말하기 Speaking

에밀리 민준 씨, 이번 추석 연휴에 뭐 해요?
민준   부모님과 시골에 있는 할아버지 댁에 가요.
에밀리 명절에는 길이 많이 막히죠?
민준   네. 그래도 추석에는 차례를 지내야 돼서 할아버지 댁에 가야 돼요.
에밀리 차례를 지낸 후에는 보통 뭘 해요?
민준   성묘를 가거나 명절 음식을 먹으면서 이야기해요.
      에밀리 씨 나라에도 추석하고 비슷한 명절이 있어요?
에밀리 네, 추수 감사절이 있어요. 추수 감사절에 가족들이 모여서 특별한 음식을 먹어요.
      하지만 올해는 수업 때문에 고향에 못 갈 것 같아요.
민준   그래요? 명절에 고향에 못 가고 혼자 있으면 좀 외롭겠어요.
에밀리 가족처럼 지내는 친구들이 있어서 괜찮아요.

💬 **친구와 이야기해 보세요.** Create conversations using the following words with your partner.

1) 성묘를 가다 / 외롭다

2) 윷놀이를 하다 / 심심하다

3) 고궁에 놀러 가다 / 재미없다

4) 가족과 함께 영화를 보다 / 가족이 보고 싶다

새 단어 New Vocabulary 추수 감사절 Thanksgiving Day   특별하다 to be special   고궁 ancient palace

듣기 | Listening

1. 잘 듣고 맞는 그림을 골라 번호를 쓰세요.
Listen to the conversations and write the corresponding number.

1) _____   2) _____   3) _____

2. 잘 듣고 질문에 답하세요. Listen to the conversation and answer the questions.

1) 여자는 지금 무엇이 되고 싶습니까? What does the woman want to become?

① 기자　　　　　② 디자이너　　　　　③ 영화감독

2) 맞는 것을 고르세요. Choose the correct statement.

① 남자의 직업은 경찰입니다.
② 남자는 글을 쓰는 것을 좋아합니다.
③ 남자는 어렸을 때 작가가 되고 싶었습니다.

3. 잘 듣고 질문에 답하세요. Listen to the conversation and answer the questions.

1) 맞는 것을 고르세요. Choose the correct statement.

① 남자는 이번 추석에 고향에 갈 것입니다.
② 남자는 지난 설날에 고향에 다녀왔습니다.
③ 남자는 고향에 가는 기차표를 예매했습니다.

2) 여자는 추석에 무엇을 하려고 합니까? What is the woman going to do for Korean Thanksgiving Day?

① 홍콩으로 출장을 가려고 합니다.
② 가족을 만나러 고향에 가려고 합니다.
③ 친구를 만나서 함께 명절을 보내려고 합니다.

새 단어 | New Vocabulary 　디자이너 designer　영화감독 movie director　글 writing　어리다 to be young　작가 author　홍콩 Hong Kong

과제 Tasks and Activities

 한국의 전통 놀이를 해 보세요.
Learn how to play a traditional Korean game.

활동지 p. 151

1. 윷놀이 하는 방법을 배워 보세요. Learn how to play 'Yut'.

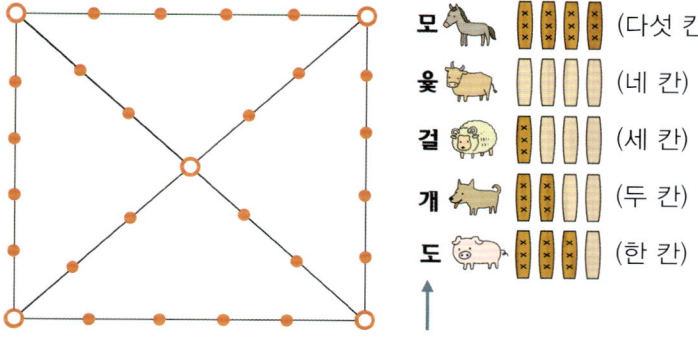

1) 팀을 나눠서 차례대로 윷을 던집니다.
   Divide into teams and take turns throwing Yut in order.

2) 옆의 그림처럼 갈 수 있습니다.
   You can move as indicated in the picture next to the instructions.

3) 모든 말이 빨리 들어오는 팀이 이깁니다.
   You win if you get all of your horse pieces to the finish line first.

- 한 팀은 보통 네 개의 말을 가집니다. One team has four pieces.

- 윷이나 모가 나오면 한 번 더 던집니다. If you get Yut or Mo, then throw again.

- 우리 말이 다른 팀 말이 있는 자리에 도착하면 다른 팀의 말은 시작하는 곳으로 돌아가야 합니다. 그리고 우리 팀은 한 번 더 윷을 던집니다.
  If your piece lands on a space that another team's piece is already, then the other team's piece goes back to the starting point. Also, your team gets to throw Yut one more time.

- 같은 팀의 말은 여러 개가 함께 갈 수 있습니다.
  More than one piece from the same team can move together.

 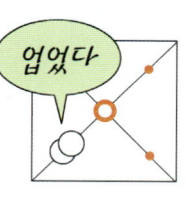

2. 팀을 나누어 윷놀이를 해 보세요. Divide into teams and play 'Yut'.

9-1. 가족처럼 지내는 친구들이 있어서 괜찮아요 **133**

9. 명절 Holidays

2과 설날에는 떡국을 먹는다
We eat tteokguk on Lunar New Year's Day

• 명절 소개하기
  Introducing holidays

어휘 Vocabulary

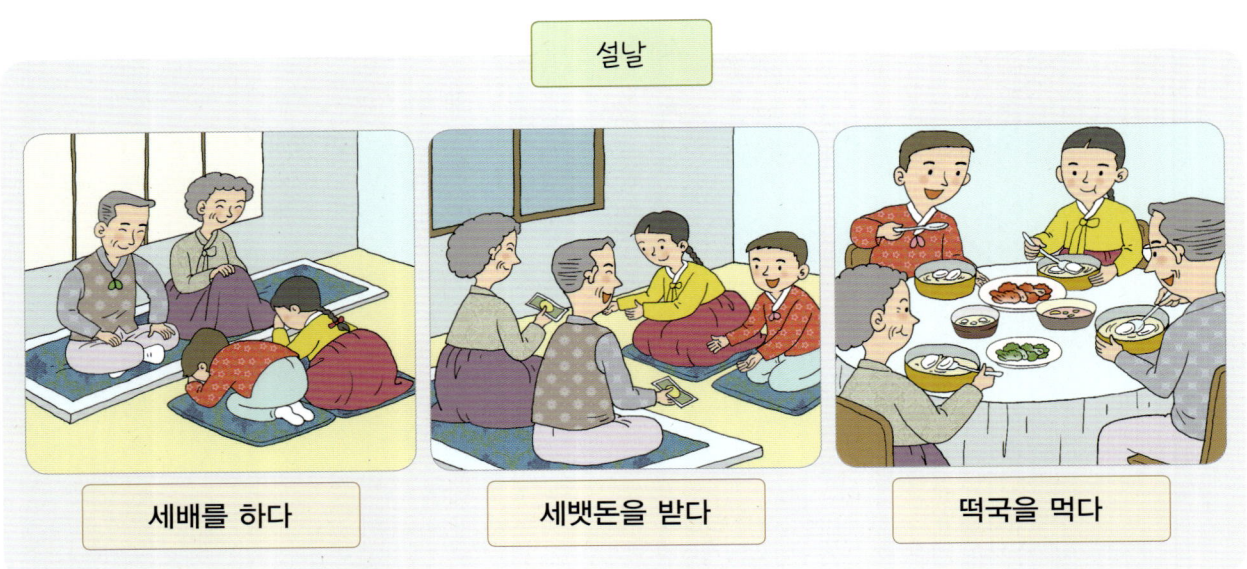

설날
- 세배를 하다
- 세뱃돈을 받다
- 떡국을 먹다

추석
- 보름달을 구경하다
- 송편을 먹다

세배를 하다 to take a New Year's Day bow 세뱃돈을 받다 to receive money for a New Year's bow
떡국을 먹다 to eat tteokguk (rice-cake soup) 보름달을 구경하다 to see a full moon
송편을 먹다 to eat songpyeon (half-moon-shaped rice cake)

핵심 표현 Key Expression ❶ | A-다, V-ㄴ다/는다, N(이)다

오늘은 설날이다.
설날에는 떡국을 먹는다.

Today is Lunar New Year's Day.
We eat tteokguk on Lunar New Year's Day.

 보기 와 같이 문장을 만들어 보세요.
Change the forms of the sentences as shown in the example.

제 이름은 이상준입니다. 저는 서울에서 살고 있습니다.
저는 회사원입니다. 서울컴퓨터에 다닙니다.
제 취미는 요리입니다. 시간이 있을 때 자주 요리를 합니다.
가끔 친구들을 집으로 초대해서 제가 만든 음식을 같이 먹습니다.
친구들이 제가 만든 음식을 맛있게 먹을 때 기분이 좋습니다.

⬇

보기

내 이름은 이상준이다. 나는 서울에서 살고 _____.
나는 _____. 서울컴퓨터에 _____.
내 취미는 _____. 시간이 있을 때 자주 요리를 _____.
가끔 친구들을 집으로 초대해서 내가 만든 음식을 같이 _____.
친구들이 내가 만든 음식을 맛있게 먹을 때 기분이 _____.

🔍 **A-다, V-ㄴ다/는다, N(이)다**

'-다, -ㄴ다/는다, (이)다' is used to narrate the present situation in newspapers, books, and other forms of writing.

오늘은 날씨가 좋다.　　　　　　　　추석에는 송편을 먹는다.
여기가 서울대학교다.　　　　　　　내 고향은 부산이다.

핵심 표현 Key Expression ❷ | A/V-았다/었다, V-(으)ㄹ 것이다

Track 97

나는 한국학을 전공했다.
내년에 한국에 유학을 갈 것이다.

I majored in Korean Studies.
I'm going to study abroad in Korea next year.

 보기 와 같이 써 보세요.
Change the form of the sentences.

> 저는 베트남에서 왔어요. 하노이에서 태어났어요. 그리고 고등학교 때까지 그곳에서 자랐어요. 고등학교를 졸업한 후에는 한국에 유학을 왔어요. 지금은 한국에서 혼자 살고 있어요. 혼자 사는 것은 재미있지만 가끔 외로워요. 그래서 다음 학기에는 기숙사에서 살 거예요. 룸메이트와 같이 지내는 생활이 재미있을 것 같아요.

보기
나는 베트남에서 왔다. 하노이에서 _____
_____
_____
_____
_____

🔍 A/V-았다/었다, V-(으)ㄹ 것이다

'-았다/었다' is used to narrate past events or conditions in newspapers, books, or other forms of writing.
'-(으)ㄹ 것이다' is used to narrate future events.

지난주에는 날씨가 아주 따뜻했다.	사람들이 모두 자리에 앉았다.
다음 달부터 택시 요금이 오를 것이다.	내년부터 서울에서 살 것이다.

새 단어
New Vocabulary

한국학 Korean Studies   전공하다 to specialize, to major in

말하기 Speaking

설날은 음력 1월 1일이다. 설날에는 한복을 입는다. 아침에 미리 준비한 음식을 차려 놓고 조상들께 차례를 지낸다. 차례를 지낸 후에 웃어른께 세배를 한다. 웃어른들은 덕담을 해 주고 아이들에게 세뱃돈을 준다. 보통 설날에는 떡국을 먹는다. 그리고 오랜만에 만난 친척들과 정을 나누고 즐거운 시간을 보낸다.

💬 **문장을 바꿔 말해 보세요.** Change the forms of the sentences and practice speaking.

1)

음력 1월 1일은 설날이에요.

2)

음력 1월 1일은 설날입니다.

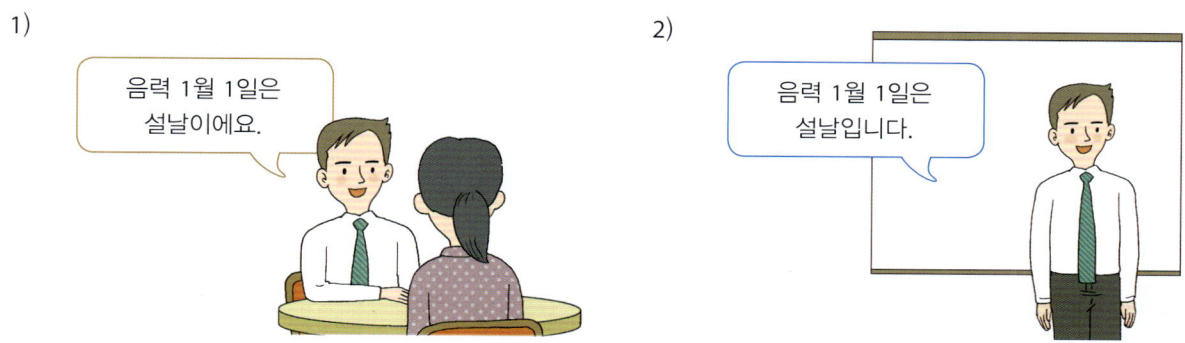

새 단어
New Vocabulary

음력 lunar calendar　미리 in advance　차려 놓다 to set out　조상 ancestor　웃어른 elders　덕담 well-wishes
오랜만에 after a long time　친척 relative　정을 나누다 to share affection　시간을 보내다 to spend time

듣기 Listening

1. 안내 방송을 잘 듣고 질문에 답하세요.
Listen to the announcement and answer the questions.

Track 99

1) 오늘은 11일입니다. 백화점의 세일 기간은 언제까지입니까?
Today is the 11th. Until when does the department store sale last?

백화점의 세일 기간은 11일부터 _____일까지입니다.

2) 맞는 것을 고르세요. Choose the correct statement.
① 6층에서는 겨울옷을 싸게 팝니다.
② 세일 기간에는 오전 11시에 문을 엽니다.
③ 5층에는 아이들이 놀 수 있는 곳이 있습니다.

2. 잘 듣고 질문에 답하세요. Listen to the conversation and answer the questions.

Track 100

1) 여자는 머리를 어떻게 하려고 합니까? What is the woman going to do with her hair?

 ①  ②  ③

3. 잘 듣고 질문에 답하세요. Listen to the conversation and answer the questions.

Track 101

1) 남자는 명절에 왜 고향에 가지 않습니까? 모두 고르세요.
Why isn't the man going to his hometown for the holidays? Choose all that apply.
① 부모님이 서울에 살고 계셔서
② 고향에 가는 길이 너무 막혀서
③ 기차표를 사는 것이 너무 힘들어서

2) 맞으면 ○, 틀리면 ×표 하세요. If the statement is correct, write ○. If not, then write ×.
① 남자는 차례를 지내지 않습니다.   (   )
② 남자는 부모님을 기다리고 있습니다. (   )
③ 남자는 명절에 여행을 가려고 합니다. (   )

새 단어 New Vocabulary: 팔다 to sell

과제 Tasks and Activities

한국에서는 설날에 웃어른께 절을 합니다. 절하는 방법을 배워 보세요.
In Korea, you bow to your elders on Lunar New Year's Day. Learn how to bow.

1. 그림을 보고 절하는 방법을 배워 보세요. Look at the following pictures and learn how to bow.

새해 복 많이 받으세요.

❶ 남자는 오른손 위에 왼손을 올린다.
Men put their left hand on their right hand.

❷ 위 그림처럼 두 손을 눈높이까지 올린다.
As shown above, raise your hands to eye level.

❸ 고개를 숙이고 천천히 앉는다. 앉으면서 두 손을 바닥에 댄다.
Sit slowly with your head down. Sit down with both hands on the floor.

❹ 2~3초 후 천천히 일어난다. 일어난 후 허리를 굽혀 가볍게 인사한다.
Get up slowly after 2~3 seconds. After getting up, bow down at the waist.

새해 복 많이 받으세요.

 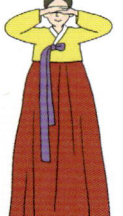  

❶ 여자는 왼손 위에 오른손을 올린다
Women put their right hand on their left hand.

❷ 위 그림처럼 두 손을 눈높이까지 올린다.
As shown above, raise your hands to eye level.

❸ 고개를 숙이고 천천히 앉는다. 여자는 손을 바닥에 대지 않는다.
Sit slowly with your head down. Women's hands do not touch the floor.

❹ 2~3초 후 천천히 일어난다. 일어난 후 허리를 굽혀 가볍게 인사한다.
Get up slowly after 2~3 seconds. After getting up, bow down at the waist.

2. 여러분 나라에서 하는 특별한 인사 방법이 있으면 소개해 보세요.
If there's a special way to greet someone in your country, tell us about it.

9-2. 설날에는 떡국을 먹는다 | 139

읽고 쓰기 Reading and Writing

1. 다음을 읽고 질문에 답하세요.
Read the following and answer the questions.

한국에서는 설날 아침에 떡국을 먹는다. 떡국을 만들 때는 하얗고 긴 떡을 준비한다. 떡의 하얀색은 깨끗한 몸과 마음으로 한 해를 시작하는 것을 의미한다. 긴 떡은 오래 사는 것을 뜻한다. 떡국을 끓일 때는 떡을 동전처럼 동그랗게 썬다. 이것은 돈이 많아지는 것을 의미한다. 한국 사람들은 떡국을 먹은 후에 '나이를 한 살 더 먹었네요.' 하고 이야기한다. 이 말은 나이가 한 살 많아지는 것과 새해에 떡국을 먹는 문화를 재미있게 표현한 것이다. 이렇게 설날에 먹는 떡국에는 다양하고 재미있는 의미가 있다.

1) 제목으로 알맞은 것을 고르세요. Choose the appropriate title for the passage.

① 떡국의 의미 ② 떡국의 역사 ③ 떡국의 종류

2) 다음이 의미하는 것으로 알맞은 것을 연결하세요. Connect the following food names to their meanings.

① 긴 떡 • • ⓐ 돈이 많아지는 것

② 떡의 하얀색 • • ⓑ 오래 사는 것

③ 동그랗게 썬 떡 • • ⓒ 깨끗한 몸과 마음

2. 여러분의 나라에서 명절에 먹는 특별한 음식에 대해서 써 보세요.
Write about the special foods that you eat in your country during the holidays.

새 단어 New Vocabulary

하얗다 to be white   마음 mind, heart   해 year   의미하다 to mean (something)   오래 a long time
끓이다 to boil   동전 coin   동그랗게 round   썰다 to chop, to slice   새해가 되다 to become a new year
표현하다 to express   이렇게 like this

대화 Conversation

1과 가족처럼 지내는 친구들이 있어서 괜찮아요
It's okay because I have friends who are like family

Emily	Minjun, what are you going to do this Chuseok holiday?
Minjun	My parents and I are going to my grandfather's house in the countryside.
Emily	The roads are really backed-up during the holidays, aren't they?
Minjun	Yes. But, since we have to pay our respects to our ancestors during Chuseok, we have to go to my grandfather's house.
Emily	What do you usually do after memorial service?
Minjun	We visit our ancestors' graves or talk while eating holiday foods. Does your country celebrate a holiday similar to Chuseok?
Emily	Yes, we have Thanksgiving. On Thanksgiving day, families get together and eat special food. But, I probably won't be able to go home this year because of class.
Minjun	Really? If you can't go home and are all alone for the holidays, it must be lonely.
Emily	It's okay because I have friends who are like family.

2과 설날에는 떡국을 먹는다
We eat tteokguk on Lunar New Year's Day

Seollal is the first day of the lunar calendar. Traditional Korean clothing 'Hanbok', is worn on New Year's Day. In the morning on the day of, people set out the food that they made in advance and hold memorial services for their ancestors. After the memorial service, people bow to their elders. The elders give well-wishes to the people and also give children money for bowing on New Year's Day. People usually eat rice-cake soup on New Year's Day. They also have a good time with relatives that they haven't seen for a long time.

부록
Appendix

활동지	Activity Sheets
문법 해설	Grammar Reference
듣기 지문	Listening Transcript
어휘 색인	Glossary

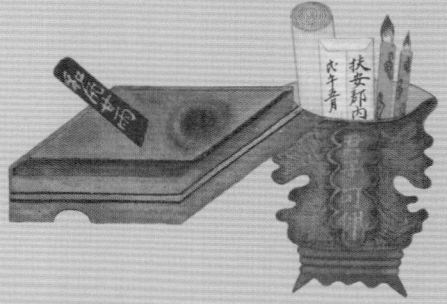

활동지 Activity Sheets

1단원 2과 과제

여행 일정

가고 싶은 나라	
여행 기간	
교통편	
숙소	
유명한 곳	

가고 싶은 나라	
여행 기간	
교통편	
숙소	
유명한 곳	

가고 싶은 나라	
여행 기간	
교통편	
숙소	
유명한 곳	

가고 싶은 나라	
여행 기간	
교통편	
숙소	
유명한 곳	

4단원 2과 과제 회사 정보

- 회사 이름 : 세계여행사
- 하는 일 : 여행 일정 확인, 비행기표와 호텔 예약
- 근무 시간 : 월~금(9:00~17:00)

- 회사 이름 : ABC외국어학원
- 하는 일 : 중국어 수업
- 근무 시간 : 월, 수, 금(저녁 7~9시)

- 회사 이름 : 서울소프트
- 하는 일 : 게임 프로그램 만드는 일
- 근무 시간 : 월~금(9:00~17:00)

- 회사 이름 : 속초호텔
- 하는 일 : 예약 확인, 호텔 안내
- 근무 시간 : 하루 8시간

- 회사 이름 : _____
- 하는 일 : _____
- 근무 시간 : _____

4단원 2과 읽고 쓰기 　　　　　　　　　　　　　　　　　　　　　　　　　**이력서**

이 력 서

	성 명		
	연락처	이메일	
		휴대폰	

학 력	

경 력	

자 격 증	

기 타	

5단원 1과 과제

주사위

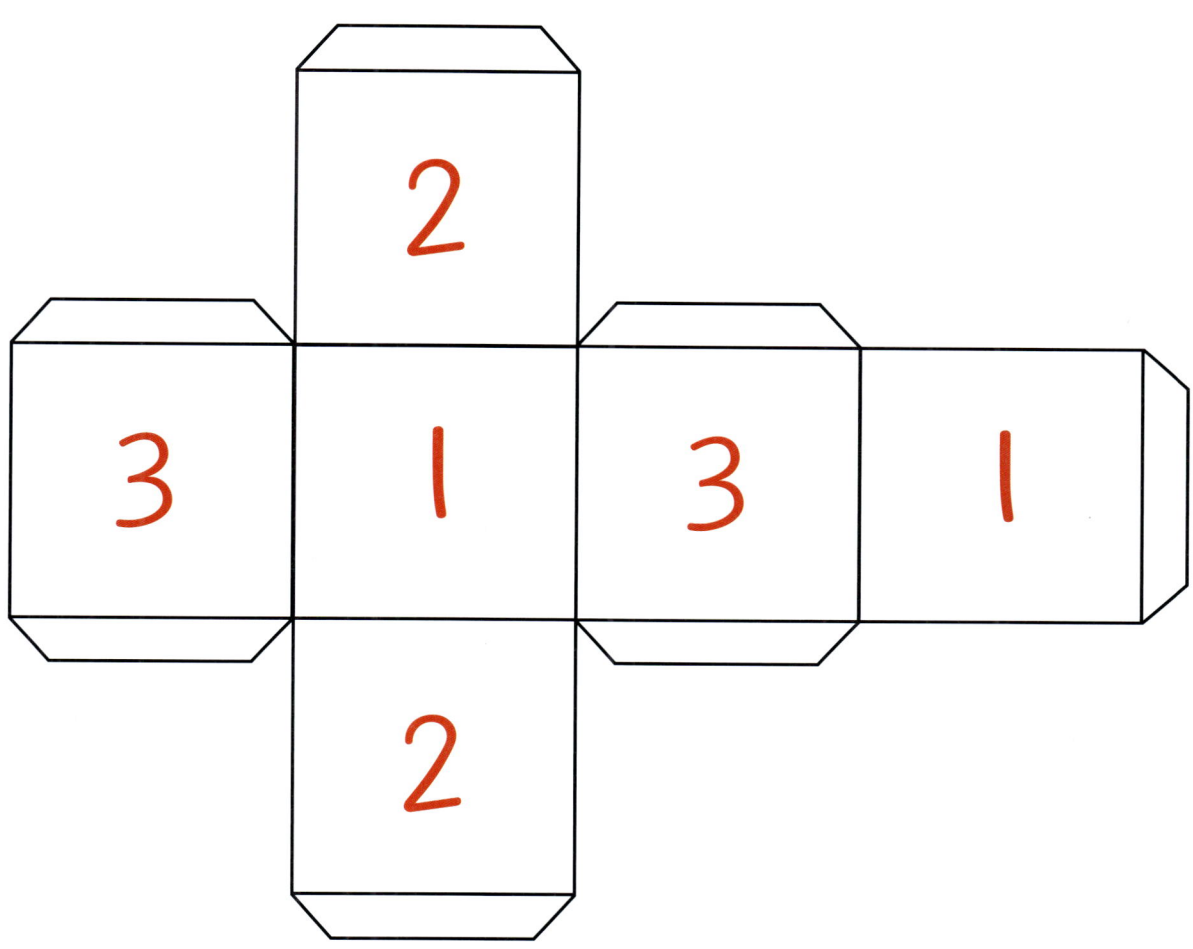

활동지 147

5단원 2과 과제

- 머리가 아픈 것 같아요.
- 날씨가 추운 것 같아요.
- 자전거를 타는 것 같아요.
- 라면을 먹는 것 같아요.
- 전화를 하는 것 같아요.
- 게임을 하는 것 같아요.
- 신문을 보는 것 같아요.
- 배가 아픈 것 같아요.
- 날씨가 더운 것 같아요.
- 음식이 매운 것 같아요.
- 춤을 추는 것 같아요.
- 피자를 먹는 것 같아요.
- 텔레비전을 보는 것 같아요.
- 바나나를 먹는 것 같아요.

6단원 1과 과제

영화를 보다	길이 막히다	울다
요리하다	재미없다	자다
책을 읽다	슬프다	깨다
집에 가다	힘들다	나오다
숙제를 하다	전화가 오다	포기하다
산에 올라가다	무서운 꿈을 꾸다	내려오다
버스를 타고 가다	피곤하다	전화를 받다
자다	친구를 만나다	지하철을 타다
태권도를 배우다	다리가 아프다	노래방에 가다

6단원 2과 과제

9단원 1과 과제 윷판

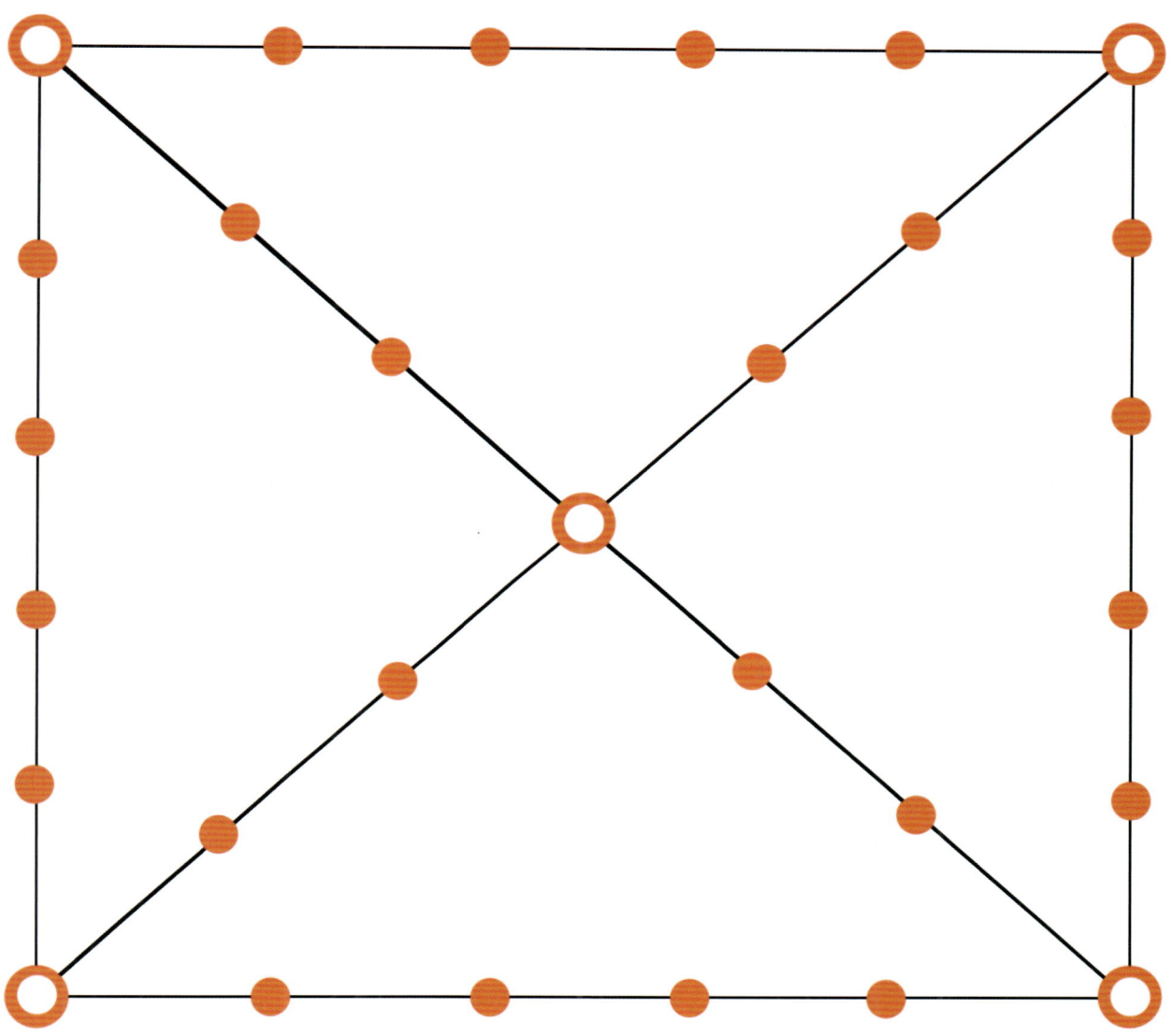

문법 해설 Grammar Reference

1단원 | 계획 Plans

1과 방학 동안 뭐 할 거예요?
What are you going to do during school break?

1. N 동안　　　　　　　　　　　　　p. 17

- '동안'은 명사와 결합하여 어떤 상태가 계속되고 있는 시간을 나타낸다. '1일, 2일'과 함께 사용하는 경우에는 '하루, 이틀'을 더 많이 사용한다. '동안' is used after a time or period noun to indicate the time at which an action or state continues. When used in conjunction with '1일, 2일', it is more common to use '하루, 이틀'.

  어제 세 시간 동안 공부했어요.
  삼 주 동안 유럽에서 여행을 했어요.
  방학 동안 책을 많이 읽었어요?
  어제 두 시간 동안 운동했어요.
  1년 동안 한국에서 살았어요.

- 동사의 경우에는 '-는 동안'을 사용한다. For verbs, use '-는 동안'.

  친구를 기다리는 동안 음악을 들었어요.
  아기가 자는 동안 청소를 했어요.
  동생이 밥을 먹는 동안 저는 텔레비전을 봤어요.

2. V-는 게 어때요?　　　　　　　　　p. 18

- '-는 게 어때요?'는 어떤 일을 제안하거나 권유할 때 사용한다. '-는 게 어때요?' is used to suggest or recommend something.

  우리 조금 일찍 출발하는 게 어때요?
  미나 씨, 이 책을 사는 게 어때요?
  길이 많이 막히면 택시를 타는 게 어때요?
  인터넷으로 한국어 수업을 듣는 게 어때요?
  밖이 시끄러우니까 창문을 닫는 게 어때요?
  다음 학기에는 기숙사에서 사는 게 어때요?
  이번 주말에 같이 한국 음식을 만드는 게 어때요?

2과 제가 예약할게요
I'll make a reservation

1. A/V-(으)니까, N(이)니까　　　　　　p. 23

- '-(으)니까'는 앞의 내용이 뒤에 오는 내용의 이유나 근거임을 나타낸다. 명사인 경우 '(이)니까'를 사용한다.
  '-(으)니까' indicates that the preceding content is the reason or grounds for a subsequent result. In the case of a noun, use '(이)니까'.

받침 ×, ㄹ 받침 + -니까	비싸다 → 비싸니까 가다 → 가니까
받침 ○ + -으니까	작다 → 작으니까 먹다 → 먹으니까

받침 × + 니까	휴가 → 휴가니까
받침 ○ + 이니까	주말 → 주말이니까

백화점은 비싸니까 시장에서 사세요.
배고프니까 밥 먼저 먹읍시다.
비가 오니까 우산을 가지고 가세요.
이 방은 너무 작으니까 다른 방을 볼까요?
옆 교실에서 시험을 보고 있으니까 조용히 하세요.
집에서 공항까지 머니까 일찍 출발하세요.
날씨가 더우니까 냉면을 먹을까요?
다음 주부터 휴가니까 같이 제주도에 갈까요?
주말이니까 표를 빨리 예매하세요.

- '-(으)니까'와 '-아서/어서'의 비교 Comparison of '-(으)니까' and '-아서/어서'.

-(으)니까	후행절의 제약이 없다. There are no restrictions of the subsequent clauses. 이 음식이 맛있으니까 먹어 보세요. (○) 날씨가 좋으니까 산에 갈까요? (○) 과거 시제를 나타내는 '-았/었-'을 사용할 수 있다. '-았/었-' can be used to express the past tense. 주말에 많이 놀았으니까 오늘은 공부할 거예요. (○)

−아서/어서	후행절에 '−(으)세요, −(으)ㄹ까요?, −(으)ㅂ시다'와 같이 명령이나 제안을 나타내는 문장이 올 수 없다. In a subsequent clause, '−(으)세요, −(으)ㄹ까요?, −(으)ㅂ시다' cannot be used to express a command or a suggestion. 이 음식이 맛있어서 먹어 보세요. (×) 날씨가 좋아서 산에 갈까요? (×)
	과거 시제를 나타내는 '−았/었−'을 사용할 수 없다. '−았/었−' cannot be used to express the past tense. 주말에 많이 놀았어서 오늘은 공부할 거예요. (×) 주말에 많이 놀아서 오늘은 공부할 거예요. (○)

- '반갑다, 고맙다, 감사하다, 미안하다'와 같이 사용하여 공손하게 표현해야 하는 경우에 '−(으)니까'를 사용하면 어색하다. It is awkward to use '−(으)니까' when you have to express words politely such as '반갑다, 고맙다, 감사하다, 미안하다'.

  만나서 반갑습니다. (○)
  만나니까 반갑습니다. (×)

  늦어서 죄송합니다. (○)
  늦으니까 죄송합니다. (×)

2. V−(으)ㄹ게요   p. 24

- '−(으)ㄹ게요'는 말하는 사람이 자신의 의지를 나타낼 때 사용한다. '−(으)ㄹ게요' is used by the speaker to express their will to do something.

받침 ×, ㄹ 받침 + −ㄹ게요	가다 → 갈게요
받침 ○ + −을게요	읽다 → 읽을게요

A: 내일은 늦지 마세요.
B: 네, 일찍 갈게요.

제가 선물을 준비할게요.
커피숍에서 기다릴게요.
제가 전화를 받을게요.
약속 시간에 늦지 않을게요.
제가 발표 자료를 만들게요.

- 말하는 사람이 자신의 행동에 대한 의지를 나타내는 것이므로 주어는 1인칭 주어, 즉 '저' 혹은 '나', '우리'만 쓸 수 있다. Because the speaker is expressing their own will to do something, the subject of the sentence can only be from the first person narrative such as '저', '나', or '우리'.

누가 꽃을 살 거예요?   − 제가/내가/우리가 살게요. (○)
                      − 양양 씨가 살게요. (×)

- 공식적인 상황에서는 '제가 −(으)ㄹ게요'보다 '제가 −겠습니다'로 표현하는 것이 좋다. In formal situations, it is better to use '제가 −겠습니다' than '제가 −(으)ㄹ게요'.

  A: 누가 회의 준비를 할 거예요?
  B: 제가 하겠습니다.

2단원 | 문의 Inquiry

1과 기숙사로 이사하려고 해요
I'm planning on moving to a dormitory

1. V−(으)려고 하다   p. 31

- '−(으)려고 하다'는 어떤 행동을 할 의도나 계획이 있음을 나타낸다. '−(으)려고 하다' is used to indicate that there is an intention or plan to do something.

받침 ×, ㄹ 받침 + −려고 하다	보다 → 보려고 하다
받침 ○ + −으려고 하다	먹다 → 먹으려고 하다

시험이 끝나면 고향에 가려고 해요.
주말에 집에서 영화를 보려고 해요.
이번 주말까지 이 책을 다 읽으려고 해요.
서울에서 일 년 정도 살려고 해요.
인터넷 강의를 들으려고 해요.

- 과거의 의도를 표현할 때에도 쓸 수 있다. It can also be used to express past intentions.

  저는 어제 영화를 보려고 했어요. 그런데 피곤해서 못 봤어요.
  저는 주말에 산에 가려고 했어요. 그런데 비가 와서 못 갔어요.

2. V−아/어 주다   p. 32

- '−아/어 주다'는 다른 사람한테 도움을 주는 어떤 일을 함을 나타낸다. '−아/어 주다' indicates doing something to help others.

ㅏ, ㅗ + -아 주다	사다 → 사 주다
하다 → 해 주다	전화하다 → 전화해 주다
ㅓ, ㅜ, ㅣ… + -어 주다	읽다 → 읽어 주다

동생한테 선물을 사 줬어요.
동생이 제 방을 청소해 줬어요.
저는 동생한테 책을 읽어 줄 거예요.
친구한테 돈을 빌려 줄 거예요.
제가 사진 찍어 드릴까요?
제가 친구의 숙제를 도와줬어요.

- 그 행위가 미치는 대상이 내가 아닐 경우에는 더 공손하게 말하기 위해 '-아/어 주다' 대신 '-아/어 드리다'를 사용한다. When the indirect object of the action is not the first person, '-아/어 드리다' is used instead of '-아/어 주다' in order to express more politely.

제가 할머니께 책을 읽어 드렸어요.
동생이 어머니께 선물을 사 드렸어요.

2과 등록금을 언제까지 내야 되나요?
When do I have to pay tuition by?

1. N(이)나   p. 37

- '(이)나'는 수나 양이 생각했던 정도를 넘어 크거나 많음을 나타낸다. '(이)나' indicates that the number or amount is bigger than or greater than expected.

받침 × + 나	세 개 → 세 개나
받침 ○ + 이나	두 번 → 두 번이나

A: 빵 더 먹을래요?
B: 아니요, 세 개나 먹었어요.

도서관에서 책을 세 권이나 읽었어요.
친구를 두 시간이나 기다렸어요.

2. A-(으)ㄴ가요?, V-나요?, N인가요?   p. 38

- '-(으)ㄴ가요?, -나요?, 인가요?'는 상대방에게 부드럽고 친근하게 질문할 때 사용한다.
  '-(으)ㄴ가요?, -나요?, 인가요?' are used to ask something gently and politely.

	받침 ×, ㄹ 받침	받침 ○
형용사	크다 → 큰가요?	작다 → 작은가요?
동사	가다 → 가나요?	먹다 → 먹나요?
명사	언제 → 언제인가요?	무엇 → 무엇인가요?

제주도는 요즘 날씨가 따뜻한가요?
팅팅 씨 동생도 키가 큰가요?
기숙사 방이 넓은가요?
회사에서 집까지 가까운가요?
공연이 몇 시에 시작하나요?
오늘 투이 씨를 만나나요?
매운 음식을 잘 먹나요?
저 사람을 아나요?
투이 씨 고향은 어디인가요?
전화번호가 몇 번인가요?
오늘이 무슨 요일인가요?

- '있다/없다'로 끝나는 형용사의 경우는 '-나요?'와 결합한다. For adjectives ending in '있다/없다', they are combined with, '-나요?'.

저 식당 음식이 맛있나요?
그 영화가 재미없나요?

- 과거 시제의 경우, 형용사와 동사 모두 '-았나요?/-었나요?'로 쓴다. In the case of past tense, both adjectives and verbs are used as '-았나요?/-었나요?'.

극장에 사람이 많았나요?
기옴 씨는 벌써 회사에 갔나요?

3단원 | 경험 Experiences

1과 노량진수산시장에 가 봤어요?
Have you been to Noryangjin Fish Market?

1. V-아/어 봤어요   p. 45

- '-아/어 봤어요'는 과거에 어떤 일을 시도해 본 경험이 있음을 나타낸다. '-아/어 봤어요' indicates that you have tried something in the past.

ㅏ, ㅗ + -아 봤어요	가다 → 가 봤어요
하다 → 해 봤어요	여행하다 → 여행해 봤어요
ㅓ, ㅜ, ㅣ… + -어 봤어요	먹다 → 먹어 봤어요

일본에 가 봤어요.
봉사 활동을 해 봤어요?
삼계탕을 먹어 봤어요.
불고기를 만들어 봤어요.
이 노래를 전에 들어 봤어요.

- '보다'의 경우는 '봐 봤어요'가 아니라 '봤어요'로 주로 사용한다. In the case of '보다' you mainly use '봤어요' not '봐 봤어요'.

  전에 그 영화를 봤어요.

- '-아/어 보다'는 어떤 것을 시도함을 표현한다. '-아/어 봤어요'는 '-아/어 보다'에 과거 시제 '-았/었-'을 결합한 것으로, 이미 시도해 본 경험을 말할 때 쓴다. '-아/어 보세요'는 '-아/어 보다'에 '-(으)세요'를 결합한 것으로, 어떤 것을 시도해 보라고 권유할 때 쓰는 표현이다. '-아/어 보다' expresses an attempt to do something. '-아/어 봤어요' is a combination of '-아/어 보다' and the past tense '-았/었-' which is used to describe experiences that have already taken place. '-아/어 보세요' is a combination of '-아/어 보다' and '-(으)세요'. It is used to suggest that someone try to do something.

  A: 이 음식 한번 먹어 보세요.
  (해 보라고 권유 suggest that someone try to do something)
  B: 조금 전에 먹어 봤어요.
  (이미 해 보았음 already tried to do something)

  A: 제주도에 가 봤어요?
  B: 아니요, 안 가 봤어요.
  A: 한번 가 보세요. 정말 좋아요.

2. V-(으)ㄴ 적이 있다/없다   p. 46

- '-(으)ㄴ 적이 있다/없다'는 어떤 일의 경험이 있음/없음을 나타낸다. '-(으)ㄴ 적이 있다/없다' indicates that you have/don't have experience in something.

받침 ×, ㄹ 받침 + -ㄴ 적이 있다/없다	타다 → 탄 적이 있다/없다
받침 ○ + -은 적이 있다/없다	읽다 → 읽은 적이 있다/없다

스키를 탄 적이 있어요.
병원에 입원한 적이 있어요.
지갑을 잃어버린 적이 있어요.
고등학교 때 장학금을 받은 적이 있어요.
한국 신문을 읽은 적이 있어요.
한국 음식을 만든 적이 있어요.
전에 일본에 산 적이 있어요.

- '-(으)ㄴ 적이 있다/없다'는 경험의 유무를 나타내는 반면 '-아/어 봤어요'는 어떤 것을 시도한 경험이 있음을 말할 때 쓴다. 즉 같은 경험이라도 그것을 시도해 본 것이라면 '-아/어 봤어요'를, 단순한 경험의 유무를 나타내려면 '-(으)ㄴ 적이 있다/없다'를 쓰는 것이 자연스럽다. '-(으)ㄴ 적이 있다/없다' indicates the presence or absence of experience, whereas '-아/어 봤어요' is used when there is an experience of attempting something. In other words, it is natural to write '-아/어 봤어요' if you have tried it, even if you have the same experience, and '-(으)ㄴ 적이 있다/없다' to indicate the presence of a simple experience.

  교통사고가 난 적이 있어요. (○)
  교통사고가 나 봤어요. (×)

- 시도한 경험의 유무를 말할 때에는 '-아/어 본 적이 있다/없다'로 쓰는 경우가 많다. When you say whether you have tried something or not, in many cases use '-아/어 본 적이 있다/없다'.

  그 음식을 먹어 본 적이 있어요.
  스쿠버다이빙을 해 본 적이 없어요.

2과 뮤지컬을 봤는데 정말 재미있었어요
I saw a musical and it was really fun

1. A/V-았을/었을 때   p. 51

- '-았을/었을 때'는 과거의 어떤 일이 일어난 시점을 나타낸다. '-았을/었을 때' indicates the time when something happened in the past.

ㅏ, ㅗ + -았을 때	좋다 → 좋았을 때 가다 → 갔을 때
하다 → 했을 때	피곤하다 → 피곤했을 때 전화하다 → 전화했을 때
ㅓ, ㅜ, ㅣ… + -었을 때	어리다 → 어렸을 때 먹다 → 먹었을 때

처음 한국에 왔을 때 한국어를 전혀 몰랐어요.
크리스마스 선물을 받았을 때 기분이 정말 좋았어요.
친구가 전화했을 때 저는 자고 있었어요.
한국에 와서 제일 힘들었을 때가 언제예요?
저는 어렸을 때 서울에 와 본 적이 있어요.
그 소식을 들었을 때 좀 놀랐어요.
아팠을 때 제일 먼저 부모님 생각이 났어요.

- '어리다, 다니다, 젊다'의 경우, 과거의 그 일이 일어난 시점 또는 그 일이 일어난 기간을 나타내기 때문에 '-(으)ㄹ 때'와 '-았을/었을 때'를 모두 사용할 수 있다. In the case of '어리다, 다니다, 젊다', it is possible to use both '-(으)ㄹ 때' and '-았을/었을 때' since they represent the time when the past happened or the period of time in which it happened.

어렸을/어릴 때 제 꿈은 농구 선수가 되는 것이었어요.
대학교에 다녔을/다닐 때 민수 씨를 처음 만났어요.

2. A-(으)ㄴ데, V-는데, N인데 1 p. 52

- '-(으)ㄴ데, -는데, 인데 1'은 뒤에 이어질 내용에 대한 배경이나 상황을 제시한다. '-(으)ㄴ데, -는데, 인데 1' indicates the background or situation of the content to follow.

	받침 ×	받침 ○
형용사	크다 → 큰데	작다 → 작은데
동사	가다 → 가는데	먹다 → 먹는데
명사	친구 → 친구인데	음식 → 음식인데

오늘은 바쁜데 내일 만날까요?
음식이 많은데 같이 먹을까요?
날씨가 좋은데 등산할까요?
너무 더운데 시원한 커피 마시러 가요.
학교에 가는데 민수 씨를 만났어요.
한국어 책을 읽는데 좀 어려워요.
케이크를 만드는데 아주 재미있어요.

이 사람은 제 친구 팅팅인데 중국에서 왔어요.
여기가 우리 학교인데 제가 소개해 줄게요.

- '있다/없다'로 끝나는 형용사의 경우는 '-는데'와 결합한다. In the case of an adjective ending in '있다/없다', it is combined with '-는데'.

저 식당 음식이 맛있는데 점심 때 같이 갈까요?
그 영화 재미없는데 다른 거 보면 어때요?

- 과거 시제의 경우 형용사와 동사 모두 '-았는데/었는데'로 쓴다. In the past tense, both the adjective and verb are written as '-았는데/었는데'.

서울식당 음식이 괜찮았는데 거기에서 먹을까요?
어제 고향 친구가 한국에 왔는데 정말 반가웠어요.

4단원 | 취업 Employment

1과 컴퓨터 회사에서 일한 적이 있습니다
I've worked at a computer company

1. A/V-ㅂ니다/습니다, N입니다 p. 59

- '-ㅂ니다/습니다'는 격식적인 상황에서 문장을 끝맺을 때 사용한다. 명사인 경우에는 '입니다'를 사용한다. '-ㅂ니다/습니다' is used to politely end a sentence in formal situations. In the case of a noun, use '입니다'.

받침 ×	크다 → 큽니다 가다 → 갑니다
받침 ○	춥다 → 춥습니다 먹다 → 먹습니다

오늘은 회의가 있어서 바쁩니다.
제 고향은 물가가 쌉니다.
오늘 친구하고 부산에 갑니다.
겨울에 날씨가 아주 춥습니다.
설날에 한복을 입습니다.
저는 서울에서 삽니다.
우리 형은 의사입니다.
저는 서울대학교 학생입니다.

- 격식적인 상황에서 질문을 할 때는 '-ㅂ니까?/습니까?, 입니까?'를 사용한다. Use '-ㅂ니까?/습니까?, 입니까?' to ask questions in formal situations.

받침 ✕	크다 → 큽니까? 가다 → 갑니까?
받침 ○	춥다 → 춥습니까? 먹다 → 먹습니까?

누가 키가 더 큽니까?
토요일에 회사에 갑니까?
한국 신문을 자주 읽습니까?
교실이 여기에서 멉니까?
불고기는 어떻게 만듭니까?
이것은 한국어로 무엇입니까?

2. V-(으)ㄴ N   p. 60

- '-(으)ㄴ'은 명사를 수식하며 그 사건이나 행위가 과거에 일어났음을 나타낸다. '-(으)ㄴ' is used in conjunction with a verb to modify the noun that follows it in order to indicate that the event or act occurred in the past.

받침 ✕, ㄹ 받침 + -ㄴ	보다 → 본 영화
받침 ○ + -은	먹다 → 먹은 음식

오늘 회사에 제일 일찍 온 사람은 민수 씨예요.
어제 본 영화가 아주 재미있었어요.
우리가 지난번에 먹은 음식 이름이 뭐예요?
이 책은 작년 생일에 받은 거예요.
제가 만든 케이크를 친구한테 선물했어요.
조금 전에 들은 노래 제목 알아요?

2과 지금 다니는 회사보다 연봉이 많아요
The salary is higher than my current job

1. N보다   p. 65

- '보다'는 두 가지를 비교할 때 비교의 기준이 되는 말 뒤에 사용한다. '보다' is used after the word that is the basis for comparison between two things.

불고기보다 김밥이 더 맛있어요.
저는 동생보다 키가 커요.
저는 산보다 바다를 더 좋아합니다.

- 비교의 기준이 되는 '보다'는 비교 대상이 되는 말 앞이나 뒤에 모두 올 수 있다. The basis of comparison, '보다' can come before or after the object that is being compared.

빵보다 밥이 좋아요.
밥이 빵보다 좋아요.

- 차이를 강조하기 위해 '보다 더'의 형태로 사용하기도 한다. It is also used in the form of '보다 더' to emphasize differences.

올해가 작년보다 더 추워요.
저는 농구를 축구보다 더 잘해요.

2. V-(으)ㄹ 줄 알다/모르다   p. 66

- '-(으)ㄹ 줄 알다/모르다'는 어떤 일을 할 능력이 있음/없음을 나타낸다. '-(으)ㄹ 줄 알다/모르다' is used to indicate the ability/inability to do something.

받침 ✕, ㄹ 받침 + -ㄹ 줄 알다	쓰다 → 쓸 줄 알다
받침 ○ + -을 줄 알다	읽다 → 읽을 줄 알다

저는 기타를 칠 줄 알아요.
저는 일본어를 할 줄 몰라요.
저는 스케이트를 탈 줄 알아요.
민수 씨는 한자를 읽을 줄 알아요?
다쿠야 씨는 김밥을 만들 줄 알아요.

- '-(으)ㄹ 줄 알다/모르다'는 능력의 유무를 나타내는 반면 '-(으)ㄹ 수 있다/없다'는 능력의 유무뿐만 아니라 어떤 상황에서 그 일이 가능한지를 표현할 때에도 사용한다. '-(으)ㄹ 줄 알다/모르다' is used to indicate whether or not the ability to do something exists, while '-(으)ㄹ 수 있다/없다' is used to indicate whether something is possible under certain circumstances as well as the existence or absence of ability.

- 능력의 유무를 표현할 때 When expressing the existence or absence of ability

저는 어렸을 때 수영을 배워서 수영할 수 있어요. (○)
저는 어렸을 때 수영을 배워서 수영할 줄 알아요. (○)

- 실현 가능성을 표현할 때 When expressing feasibility

이번 주말에는 시간이 있어서 같이 영화를 볼 수 있어요. (○)
이번 주말에는 시간이 있어서 같이 영화를 볼 줄 알아요. (✕)

5단원 | 건강 Health

1과 건강에 관심이 많네요
You're very interested in health

1. A – 게   p. 73

- '– 게'는 어떤 상태나 행동의 정도 또는 방식을 나타낸다. '–게' indicates a condition, degree or method of action.

  세일을 해서 옷을 싸게 샀어요.
  언니는 예쁘게 웃어요.
  글씨를 크게 써 주세요.
  책상을 깨끗하게 정리했어요.
  머리를 짧게 잘랐어요.
  방학 즐겁게 보내세요.
  친구가 친절하게 설명해 줬어요.
  어머니가 만드신 음식을 맛있게 먹었어요.

- 형용사에 '– 게'를 붙여 부사어로 만드는 경우도 있지만 '많이, 멀리, 빨리, 깨끗이' 등과 같은 형태의 부사도 있다. There are some types of adverbs that add '– 게' to adjectives, but there are also some types of adverbs such as '많이, 멀리, 빨리, 깨끗이' that don't.

  음식을 많이 먹었어요.
  친구가 멀리 이사를 갔어요.
  오늘은 학교에 빨리 가야 해요.
  그릇을 깨끗이 씻어요.

2. A/V – 네요   p. 74

- '– 네요'는 말하는 사람이 새롭게 알게 된 것에 대해 감탄하며 말할 때 쓴다. '– 네요' is used by the speaker to express admiration for something new that they were just made aware of.

  길이 많이 복잡하네요.
  집이 정말 크네요.
  날씨가 좋네요.
  경치가 참 아름답네요.
  비가 많이 오네요.
  투이 씨는 한국말을 정말 잘하네요.
  아이가 매운 음식을 잘 먹네요.
  양양 씨는 한국 문화를 잘 아네요.

- 과거의 사실에 대해 새롭게 알게 된 경우는 '– 았네요/었네요'를 쓴다. When you're made aware of something that occurred in the past, use '– 았네요/었네요'.

  양양 씨는 어렸을 때 참 귀여웠네요.
  눈이 많이 왔네요.

2과 몸살이 난 것 같아요
I feel like I'm aching all over

1. V –(으)ㄴ, 는, (으)ㄹ 것 같다   p. 79

- '–(으)ㄴ, 는, (으)ㄹ 것 같다'는 동사와 함께 쓰여 과거의 일, 현재의 일, 미래의 일에 대해 추측함을 나타낸다. '–(으)ㄴ, 는, (으)ㄹ 것 같다' are used with a verb to indicate speculation about past, present or future actions.

받침 ×, ㄹ 받침 + – ㄴ 것 같다	오다 → 온 것 같다
받침 ○ + – 은 것 같다	읽다 → 읽은 것 같다
받침 × + – 는 것 같다	자다 → 자는 것 같다
받침 ○ + – 는 것 같다	듣다 → 듣는 것 같다
받침 ×, ㄹ 받침 + – ㄹ 것 같다	보다 → 볼 것 같다
받침 ○ + – 을 것 같다	먹다 → 먹을 것 같다

기차가 벌써 도착한 것 같아요.
누나는 공원에 간 것 같아요.
양양 씨는 오늘 점심을 안 먹은 것 같아요.
로렌 씨는 한국에서 오래 산 것 같아요.

팅팅 씨는 한국 음식을 좋아하는 것 같아요.
형은 도서관에서 공부하는 것 같아요.
요즘 한국 노래를 많이 듣는 것 같아요.

손님이 많이 올 것 같아요.
회의가 일찍 끝날 것 같아요?
기차가 곧 출발할 것 같아요.

- 말하는 사람이 자신의 의견을 완곡하게 표현할 때 사용한다. It is used when the speaker expresses their opinions in a mild manner.

  저는 오늘 일이 있어서 못 갈 것 같습니다.
  저는 오늘 회의 시간에 좀 늦을 것 같아요.

2. A-(으)ㄴ, (으)ㄹ 것 같다   p. 80

- '-(으)ㄴ, (으)ㄹ 것 같다'는 형용사와 함께 쓰여 여러 상황으로 미루어 그 상태일 것이라고 추측함을 나타낸다. '-(으)ㄹ 것 같다'는 '-(으)ㄴ 것 같다'보다 좀 더 막연한 추측을 나타낸다. '-(으)ㄴ, (으)ㄹ 것 같다' is used with an adjective from various situations to infer about the status of the corresponding noun. '-(으)ㄹ 것 같다' refers to a more vague assumption than '-(으)ㄴ 것 같다'.

받침 ✕, ㄹ 받침 + -ㄴ 것 같다	크다 → 큰 것 같다
받침 ○ + -은 것 같다	작다 → 작은 것 같다

받침 ✕, ㄹ 받침 + -ㄹ 것 같다	크다 → 클 것 같다
받침 ○ + -을 것 같다	작다 → 작을 것 같다

투이 씨는 요즘 바쁜 것 같아요.
우리 고향보다 서울이 날씨가 더 따뜻한 것 같아요.
양양 씨한테 구두가 작은 것 같아요.
입어 보니까 이 바지는 저한테 좀 긴 것 같아요.

이 코트가 따뜻할 것 같아요.
명동에 사람이 아주 많을 것 같아요.
투이 씨가 시험을 잘 봐서 기분이 좋을 것 같아요.
음식이 매울 것 같아요.
이 치마가 동생한테 좀 길 것 같아요.

- 말하는 사람이 자신의 의견을 완곡하게 표현할 때 사용한다. It is used when the speaker expresses their opinions in a mild manner.

이 옷이 저한테 좀 작은 것 같아요.
이 영화를 봤는데 좀 무서운 것 같아요.

6 단원 | 고장 Broken

1과 노트북 화면이 안 나와요
My laptop screen won't turn on

1. V-다가   p. 87

- '-다가'는 어떤 일을 하는 도중에 그 일을 끝내지 않고 다른 동작으로 전환될 때 사용한다. '-다가' is used to switch from one action to another, but the first action in progress is not yet fully completed.

영화를 보다가 잤어요.
학교에 가다가 친구를 만났어요.
밥을 먹다가 전화를 받았어요.
신림동에서 살다가 기숙사로 이사했어요.

- '-다가'는 '-다'로 줄여서 쓸 수 있다. '-다가' can be abbreviated to '-다'.

책을 읽다(=읽다가) 피곤해서 잤어요.

- '-다가'는 앞 문장과 뒤 문장의 주어가 같아야 한다. The subject of the preceding and subsequent clauses must be the same when using '-다가'.

나는 밥을 먹다가 전화를 받았어요.(○)
나는 밥을 먹다가 전화가 왔어요.(✕)

2. N 때문에   p. 88

- '때문에'는 명사 뒤에 사용하여 어떤 일의 원인이나 이유를 나타낸다. '때문에' is used after a noun to indicate the cause or reason of something.

시험 때문에 스트레스를 받아요.
발표 준비 때문에 못 잤어요.
날씨 때문에 등산을 취소했어요.

- '때문에'는 부정적 원인에 대해 많이 사용하는 경향이 있다. '때문에' tends to be used often for negative causes.

지난주에는 회사 일 때문에 정말 피곤했어요.
구두 때문에 발이 아파요.

2과 세탁기가 고장 나서 전화 드렸어요
I called because my washing machine is broken

1. A-(으)ㄴ데, V-는데, N인데 2   p. 93

- '-(으)ㄴ데, -는데, 인데 2'는 앞의 내용과 대조되는 상황이나 결과를 나타낼 때 사용한다. '-(으)ㄴ데, -는데, 인데 2' is used to indicate a situation that contrasts the preceding situation.

	받침 ×	받침 ○
형용사	크다 → 큰데	작다 → 작은데
동사	가다 → 가는데	먹다 → 먹는데

평일에는 바쁜데 주말에는 안 바빠요.
제 방은 큰데 동생 방은 작아요.
이 신발은 디자인은 좋은데 색깔은 마음에 안 들어요.
축구는 좋아하는데 야구는 안 좋아해요.
투이 씨는 공부하는데 투이 씨 동생은 자고 있어요.
기욤 씨는 춤은 잘 추는데 노래는 잘 못 불러요.
저는 소고기는 먹는데 닭고기는 안 먹어요.
어제는 더웠는데 오늘은 시원하네요.
한국은 지금 겨울인데 제 고향은 여름이에요.
아빠는 한국 사람인데 엄마는 일본 사람이에요.

- '있다/없다'로 끝나는 형용사의 경우는 '–는데'와 결합한다. For an adjective ending in '있다/없다', it is combined with '–는데'.

  이 식당은 음식은 맛있는데 값은 좀 비싸요.
  이 영화는 인기가 없는데 영화에 나오는 음악은 인기가 많아요.

- 과거 시제의 경우 형용사와 동사 모두 '–았는데/었는데'로 쓴다. For the past tense, both adjectives and verbs are written as '–았는데/었는데'.

  어제는 눈이 왔는데 오늘은 안 와요.
  열심히 공부했는데 시험을 잘 못 봤어요.

- 두 가지를 대조하는 상황이나 결과를 강조하기 위하여 조사 '–은/는'을 함께 사용한다. In order to emphasize the situation or the result of contrasting the two clauses, the particle '–은/는' is used with this grammar.

  말하기 시험은 쉬운데 쓰기 시험은 어려워요.
  지난주에는 아주 바빴는데 이번 주에는 시간이 많아요.

2. V–(으)ㄹ N   p. 94

- '–(으)ㄹ'은 명사를 수식하며 미래에 할 일이나 예정을 나타내는 데 사용한다. '–(으)ㄹ' modifies a noun and is used to indicate things to do or something scheduled in the future.

받침 ×, ㄹ 받침 + ㄹ	가다 → 갈
받침 ○ + 을	먹다 → 먹을

오늘 저녁에 볼 영화는 뭐예요?
우리 집 냉장고에 먹을 음식이 없어요.
저는 여행 갈 때 입을 옷을 샀어요.
다음에 들으실 음악은 '아리랑'입니다.
친구와 같이 살 집을 구하려고 해요.
내일 만들 음식은 비빔밥이에요.

7 단원 | 모임 Gatherings

1과 금요일에 신입생 환영회에 갈 거예요?
Are you going to the freshmen welcome party on Friday?

1. A/V –(으)ㄹ까요?   p. 101

- '–(으)ㄹ까요?'는 어떤 일을 추측해서 다른 사람의 생각을 물어볼 때 사용한다. '–(으)ㄹ까요?' is used to guess something and ask for someone else's opinion.

받침 ×, ㄹ 받침 + –ㄹ까요?	크다 → 클까요? 가다 → 갈까요?
받침 ○ + –을까요?	작다 → 작을까요? 먹다 → 먹을까요?

이 옷이 저한테 클까요?
오후에 비가 올까요?
무슨 영화가 재미있을까요?
친구들이 매운 음식을 잘 먹을까요?
이 옷이 저한테 맞을까요?
식당이 몇 시에 문을 열까요?
이 책이 아이한테 어려울까요?

2. A/V –(으)ㄹ 거예요   p. 102

- '–(으)ㄹ 거예요'는 어떤 일을 추측해서 말할 때 사용한다. '–(으)ㄹ 거예요' is used to make an assumption about something.

받침 ×, ㄹ 받침 + -ㄹ 거예요	크다 → 클 거예요 가다 → 갈 거예요
받침 ○ + -을 거예요	작다 → 작을 거예요 먹다 → 먹을 거예요

이 운동화가 편할 거예요.
이 구두는 작아서 불편할 거예요.
버스가 곧 도착할 거예요.
휴일이라서 극장에 사람이 많을 거예요.
부산은 오늘 날씨가 좋을 거예요.
팅팅 씨는 한국 음식을 잘 먹을 거예요.
로렌 씨는 아마 기숙사에서 살 거예요.
눈이 와서 미끄러울 거예요.

2과 우리 같은 신입생이니까 말 놓을까요?
Since we're both freshmen, shall we speak casually?

1. 반말(A/V – 아/어, N(이)야, A/V – 았어/었어)   p.107

- 반말은 비격식적인 상황에서 듣는 사람이 말하는 사람보다 아랫사람이거나 서로 친한 사이에서 사용한다. 현재 시제는 '–아요/어요'의 경우 '–아/어', 과거 시제는 '–았어요/었어요'의 경우 '–았어/었어'를 사용한다. 명사의 경우 '(이)야'를 사용한다. Use casual speech for informal situations when the listener is of lower social status than the speaker or if the two people are friendly with each other. For the present tense, use '–아/어' in place of '–아요/어요'. For the past tense, use '–았어/었어' in place of '–았어요/었어요'. For nouns, use '(이)야'.

ㅏ, ㅗ + -아	많다 → 많아 사다 → 사
하다 → 해	복잡하다 → 복잡해 전화하다 → 전화해
ㅓ, ㅜ, ㅣ… + -어	넓다 → 넓어 읽다 → 읽어
받침 × + 야	친구 → 친구야
받침 ○ + 이야	회사원 → 회사원이야

ㅏ, ㅗ + -았어	많다 → 많았어 사다 → 샀어
하다 → 했어	복잡하다 → 복잡했어 전화하다 → 전화했어
ㅓ, ㅜ, ㅣ… + -었어	넓다 → 넓었어 읽다 → 읽었어

이 컴퓨터는 비싸.
나는 매일 7시에 일어나.
나는 학교에 걸어서 와.
오늘 뭐 해?
이 식당은 김밥이 맛있어.
내 동생은 매운 음식을 못 먹어.
지금 바빠?
유카는 일본 사람이야.
이건 내 책이야.

A: 저 사람 누구야?
B: 우리 형이야.

이 옷은 작년에 샀어.
내 동생은 두 시간 동안 게임을 했어.
주말에 뭐 했어?
나는 어제 김치찌개 먹었어.

A: 어제 많이 바빴어?
B: 응, 좀 바빴어.

- '–(으)니?/니?', '–니?', '(이)니?'는 듣는 사람이 친한 친구나 나보다 아랫사람인 경우에만 사용한다. '–(으)니?/니?'는 '–니?'로 쓰는 경우도 많다. '–(으)니?/니?', '–니?', '(이)니?' can only be used when the listener is of lower social status than the speaker or if the two people are friendly with each other. '–(으)니?/니?' is often used as '–니?'.

요즘 바쁘니?
오늘 어디에 가니?
새로 이사한 집은 좋으니?(=좋니?)
지금 뭐 먹니?
저 사람은 누구니?
네 동생도 학생이니?

2. 반말(A/V –(으)ㄹ 거야, V – 아/어, V – 자)   p.108

- 반말을 사용할 때 미래 시제는 '–(으)ㄹ 거예요'의 경우 '–(으)ㄹ 거야'를 사용한다. 명령문의 경우 '–아/어', 청유문의 경우 '–자'를 사용한다. When using casual speech in the future tense, use '–(으)ㄹ 거야' in place of '–(으)

ㄹ 거예요'. For imperative sentences, use '-아/어', and use '-자' for a sentence that requests someone to do something together with the speaker.

받침 X, ㄹ 받침 + -ㄹ 거야	크다 → 클 거야 가다 → 갈 거야
받침 O + -을 거야	작다 → 작을 거야 먹다 → 먹을 거야

ㅏ, ㅗ + 아	사다 → 사
하다 → 해	전화하다 → 전화해
ㅓ, ㅜ, ㅣ… + 어	읽다 → 읽어

저 옷은 좀 비쌀 거야.
내일 공원에 갈 거야.
내일은 집에서 쉴 거야.
이 식당 음식은 맛있을 거야.
이 책은 내일 읽을 거야.

궁금하면 사무실에 물어봐.
집에 도착하면 나한테 전화해.
집에 들어오면 손부터 씻어.

우리 같이 운동하러 가자.
오늘 점심 같이 먹자.

• -(으)ㄹ게
'-(으)ㄹ게요'의 경우 '-(으)ㄹ게'를 사용한다. Use '-(으)ㄹ게' in place of '-(으)ㄹ게요'.

오늘은 내가 밥 살게.

A: 이거 내가 만든 케이크인데 한번 먹어 봐.
B: 고마워. 잘 먹을게.

• -지 마
'-지 마세요'의 경우 '-지 마'를 사용한다. Use '-지 마' in place of '-지 마세요'.

여기에 주차하지 마.
건강에 안 좋으니까 담배 피우지 마.

• -지 말자
'-지 맙시다'의 경우 '-지 말자'를 사용한다. Use '-지 말자' in place of '-지 맙시다'.

너무 비싸니까 이거 사지 말자.
길이 막히니까 택시 타지 말자.

8 단원 | 변화 Change

1과 부산에서 살다가 서울로 오게 됐어
We were living in Busan and ended up moving to Seoul

1. A -아지다/어지다   p. 115

• '-아지다/어지다'는 점점 변화하여 어떤 상태가 됨을 나타낸다. '-아지다/어지다' indicates a gradual change resulting in a change of state.

ㅏ, ㅗ + -아지다	작다 → 작아져요
하다 → 해지다	따뜻하다 → 따뜻해져요
ㅓ, ㅜ, ㅣ… + -어지다	힘들다 → 힘들어져요

작년보다 한국어를 배우는 학생이 많아졌어요.
물건 값이 비싸졌어요.
지우 씨와 같이 운동하면서 친해졌어요.
저는 운동을 해서 건강해졌어요.
길이 옛날보다 넓어졌어요.
날씨가 점점 추워져요.
날씨가 더워졌어요.
제 고향은 10년 전과 많이 달라졌어요.

2. V -게 되다   p.116

• '-게 되다'는 어떤 상황이 외부의 영향을 받아 다른 상태가 됨을 나타낸다. '-게 되다' indicates that a situation is affected externally and becomes a different state.

출장 때문에 다음 주에 중국에 가게 됐어요.
한국 드라마를 보고 한국을 좋아하게 됐어요.
다음 달부터 이 회사에 다니게 됐어요.
한국에 와서 한국 음식을 자주 먹게 됐어요.
아이가 김밥을 좋아해서 김밥을 자주 만들게 됐어요.

2과 대학교를 졸업한 후에 뭐 하고 싶어요?
What do you want to do after you graduate college?

1. V -기 전에   p. 121

• '-기 전에'는 어떤 일이 앞에 오는 일보다 먼저 일어남을 나타낸다. '-기 전에' indicates that something happens before doing something else.

수영하기 전에 준비 운동을 해요.
요리하기 전에 손을 씻어요.
방학이 끝나기 전에 여행을 갈 거예요.
예약하기 전에 날짜를 확인하세요.
밥을 먹기 전에 손을 씻으세요.

- 명사와 함께 쓰는 경우 'N 전에'로 쓴다. 이때 명사는 어떤 행동과 관련된 것으로 보통 '-하다'와 결합하는 명사, 또는 시간과 관련된 명사가 온다. 'N 전에' is used with a noun. In this instance, the noun is action related noun combined with '-하다' or is associated with time.

수업 전에 미리 책을 읽어 봤어요.
퇴근 전에 이 일을 끝내야 해요.
결혼 전에 뭘 준비해야 돼요?
9시 전에 학교에 도착했어요.

2. V-(으)ㄴ 후에 p. 122

- '-(으)ㄴ 후에'는 어떤 일을 먼저 한 다음에 뒤의 일을 함을 나타낸다. '-(으)ㄴ 후에' indicates that something happens after another thing has occurred.

받침 ✕, ㄹ 받침 + -ㄴ 후에	가다 → 간 후에
받침 ○ + -은 후에	먹다 → 먹은 후에

이사한 후에 집들이를 했어요.
식사한 후에 약을 드세요.
물건 값을 확인한 후에 돈을 내세요.
옷을 입어 본 후에 샀어요.
밥을 먹은 후에 약을 먹었어요.
모두 자리에 앉은 후에 수업을 시작하겠습니다.
설명을 다 들은 후에 질문하세요.
친구들하고 논 후에 숙제를 했어요.

- 명사와 함께 쓰는 경우 'N 후에'로 쓴다. 이때 명사는 어떤 행동과 관련된 것으로 보통 '-하다'와 결합하는 명사, 또는 시간과 관련된 명사가 온다. 'N 후에' is used with a noun. In this instance, the noun is action related noun combined with '-하다' or is associated with time.

수업 후에 뭐 할 거예요?
식사 후에 커피를 마셨어요.
졸업 후에 대학원에 가려고 합니다.
지금은 바쁘니까 한 시간 후에 전화해 주세요.

9 단원 | 명절 Holidays

1과 가족처럼 지내는 친구들이 있어서 괜찮아요
It's okay because I have friends who are like family

1. N처럼 p. 129

- '처럼'은 앞에 있는 명사와 어떤 모양이나 행동이 비슷하거나 같음을 나타낸다. '처럼' indicates that a shape or action is similar or identical to the preceding noun.

제 동생은 수영 선수처럼 수영을 잘해요.
내 친구는 농구 선수처럼 키가 커요.
그 사람은 영화배우처럼 멋있어요.
아이가 어른처럼 말해요.
마이클 씨는 한국 사람처럼 한국어를 잘해요.
우리 어머니는 화가처럼 그림을 잘 그리세요.

- '처럼'은 뒤에 동사나 형용사가 온다. 뒤에 명사가 올 때에는 'N 같은'을 사용한다. '처럼' is followed by a verb or adjective. Use 'N 같은' when followed by a noun.

저는 어머니처럼 여자가 좋아요. (✕)
저는 어머니 같은 여자가 좋아요. (○)

2. A/V-겠- p. 130

- '-겠-'은 어떤 일이나 상황에 대해 추측함을 나타낸다. '-겠-' indicates speculation about something or a situation.

요즘 회사 일이 많아서 힘들겠어요.
정우 씨는 요즘 시험 기간이라서 바쁘겠어요.
민준 씨가 장학금을 받아서 부모님이 기뻐하시겠어요.
연락을 안 하고 가면 친구가 깜짝 놀라겠어요.
1시간 전에 출발했으니까 지금쯤 도착했겠어요.

A: 이거 제가 만든 케이크인데 한번 먹어 보세요.
B: 정말 맛있겠네요.

A: 이 책은 아이들한테 좋을 것 같아요.
B: 맞아요. 그림이 많아서 쉽게 이해하겠어요.

A: 어제 가족들하고 영화를 봤어요.
B: 재미있었겠네요.

2과 설날에는 떡국을 먹는다
We eat tteokguk on Lunar New Year's Day

1. A-다, V-ㄴ다/는다, N(이)다   p. 135

- '-다, -ㄴ다/는다, (이)다'는 신문이나 책 등에서 현재의 일이나 상태를 서술할 때 사용한다. '-다, -ㄴ다/는다, (이)다' is used to narrate the present situation in newspapers, books, and other forms of writing.

	받침 X	받침 O
형용사	크다 → 크다	작다 → 작다
동사	가다 → 간다	먹다 → 먹는다
명사	친구 → 친구다	음식 → 음식이다

오늘은 날씨가 좋다.
이 옷은 좀 비싸다.
이 기차는 대전까지 간다.
추석에는 송편을 먹는다.
에바는 한국 음악을 자주 듣는다.
내 동생은 지금 밖에서 논다.
여기가 서울대학교다.
내 고향은 부산이다.
가끔 고향에 있는 가족들이 보고 싶다.
한국에서는 웃어른께 높임말을 해야 한다.

2. A/V-았다/었다, V-(으)ㄹ 것이다   p. 136

- '-았다/었다'는 신문이나 책 등에서 과거의 일이나 상태를 서술할 때 사용한다. '-았다/었다' is used to narrate past events or conditions in newspapers, books, or other forms of writing.

ㅏ, ㅗ + -았다	좋다 → 좋았다 가다 → 갔다
하다 → 했다	피곤하다 → 피곤했다 전화하다 → 전화했다
ㅓ, ㅜ, ㅣ… + -었다	어리다 → 어렸다 먹다 → 먹었다

나는 서울에서 자랐다.
사람들이 모두 자리에 앉았다.
지난주에는 날씨가 아주 따뜻했다.
어제 본 책이 아주 재미있었다.
조금 전에 뉴스를 들었다.
할아버지는 오랫동안 시골에 사셨다.

- '-(으)ㄹ 것이다'는 신문이나 책 등에서 미래의 일을 서술할 때 사용한다. '-(으)ㄹ 것이다' is used to narrate future events in newspaper, books, or other forms of writing.

받침 X, ㄹ 받침 + -ㄹ 것이다	가다 → 갈 것이다
받침 O + -을 것이다	먹다 → 먹을 것이다

내일 2시에 회의를 할 것이다.
다음 달부터 택시 요금이 오를 것이다.
모임에 약 20명의 사람들이 참석할 것이다.
내일부터 한국어 책을 읽을 것이다.
내년부터 서울에서 살 것이다.
이번 주말에 가족들과 송편을 만들 것이다.

듣기 지문 Listening Transcript

1단원 | 계획 Plans

1과 방학 동안 뭐 할 거예요?

1. 방학 동안 뭘 할 거예요?
   잘 듣고 알맞은 그림을 연결하세요.   Track 04

1) 남자: 유카 씨, 다음 주부터 방학이에요. 방학 동안 뭘 할 거예요?
   여자: 저는 올리버 씨하고 제주도에 갈 거예요. 제주도에서 한라산에도 가고 바다에도 갈 거예요.

2) 여자: 케빈 씨는 방학 동안 뭘 해요? 케빈 씨도 여행을 갈 거예요?
   남자: 아니요. 저는 부모님을 만나러 미국에 가요. 방학 동안 미국에 있을 거예요. 방학이 끝나면 다시 한국에 올 거예요.

3) 여자: 양양 씨도 고향에 가요?
   남자: 아니요. 저는 방학 동안 아르바이트를 할 거예요. 한 달 동안 학생들에게 중국어를 가르칠 거예요.

4) 남자: 에밀리 씨는 방학 동안 뭘 할 거예요?
   여자: 저는 운동을 좋아해요. 그래서 이번 방학 동안 테니스를 배울 거예요. 민수 씨도 저하고 같이 테니스를 배우는 게 어때요?

2. 잘 듣고 질문에 답하세요.   Track 05

남자: 지우 씨, 불고기 만들 수 있어요?
여자: 네, 만들 수 있어요. 그런데 왜요?
남자: 이번 주에 부모님이 한국에 오세요. 부모님한테 불고기를 만들어 드리고 싶어서요.
여자: 부모님이 불고기를 좋아하세요?
남자: 네, 아주 좋아하세요. 그래서 제가 불고기 만드는 방법을 배워서 만들어 드리려고요. 지우 씨, 시간이 있으면 저 좀 가르쳐 줄 수 있어요?
여자: 그럼요. 제가 도와줄게요. 내일 같이 한번 만들어 보는 게 어때요?
남자: 좋아요. 몇 시쯤 만날까요?
여자: 내일 저녁 6시 어때요? 그때쯤 제가 케빈 씨 집으로 갈 수 있어요.
남자: 네, 고마워요. 그럼 내일 봐요.

2과 제가 예약할게요

1. 잘 듣고 질문에 답하세요.   Track 09

남자: 여보세요. 팅팅 씨, 저 케빈이에요. 지금 어디예요?
여자: 택시를 타고 가고 있어요. 케빈 씨는 어디예요?
남자: 저는 조금 전에 공연장 앞에 도착했어요. 팅팅 씨는 언제 도착해요?
여자: 지금 가고 있어요. 그런데 퇴근 시간이라서 길이 좀 막혀요. 공연은 7시에 시작하지요?
남자: 네, 그런데 6시 50분까지는 와야 돼요. 길이 많이 막히면 지하철로 갈아타는 게 어때요?
여자: 네, 그게 좋겠어요. 빨리 갈게요.

2. 잘 듣고 질문에 답하세요.   Track 10

남자: 안나 씨, 방학 때 뭐 해요? 계획이 있어요?
여자: 네, 에바 씨하고 같이 일주일 동안 제주도에서 여행하려고 해요.
남자: 그래요? 일정은 다 짰어요?
여자: 아직 못 짰어요. 인터넷으로 이것저것 알아보고 있어요. 저도 제주도는 처음이라서 잘 몰라서요.
남자: 비행기표는 샀어요?
여자: 네, 비행기표는 샀어요.
남자: 언제 출발해요?
여자: 20일 아침 10시 비행기로 출발해요.
남자: 저도 다음에 제주도에 가고 싶어요. 여행 갔다 와서 여행 이야기 좀 해 주세요.
여자: 아, 그래요? 그럼 이번에 우리하고 같이 가는 게 어때요?
남자: 가고 싶지만 이번 방학에는 시간이 없어요. 방학에 중요한 시험이 있어서 공부해야 돼요.
여자: 알겠어요. 돌아오면 연락할게요. 시험 준비 잘 하세요.

2단원 | 문의 Inquiry

1과 기숙사로 이사하려고 해요

1. 친구들이 어떻게 이 사람을 도와줬어요?
   잘 듣고 알맞은 그림을 연결하세요.   Track 14

저는 며칠 전에 다리를 다쳤어요. 병원에 가려고 했지만 다리가 아파서 혼자 갈 수 없었어요. 그래서 민준 씨가 병원 예약도 해 주고 병원에도 같이 가 줬어요. 저는 이틀 동안 학교에 못 가고 집에만 있어서 심심했어요. 그런데 오늘 친구들이 우리 집에 왔어요. 유카 씨는 샌드위치를 만들어 줬어요. 안나 씨는 방을 청소해 줬어요. 케빈 씨는 재미있는 영화 DVD를 빌려 줬어요. 친구들이 우리 집에 와 줘서 정말 좋았어요.

2. 잘 듣고 질문에 답하세요. Track 15

남자 거기 서울 부동산이지요? 다음 달에 이사하려고 하는데요. 깨끗한 원룸이 있어요?
여자 아, 그러세요? 어디로 이사하려고 하세요?
남자 서울대 근처. 학교에서 가까운 곳으로 알아보고 있어요.
여자 신림동에 깨끗한 원룸이 있어요. 시설도 좋고 교통도 편리해요.
남자 월세는 얼마예요?
여자 50만 원이에요. 관리비와 인터넷 요금이 포함되어 있어요.
남자 그래요? 한번 보고 싶은데요.
여자 그럼 내일 오전에 오실 수 있으세요?
남자 오전에는 수업이 있어요. 오후에 가도 돼요?
여자 글쎄요, 집주인한테 지금 전화해서 물어볼게요.
남자 네, 알아보시고 다시 전화해 주세요.

2과 등록금을 언제까지 내야 되나요?

1. 안나 씨는 도서관 이용에 대해 문의하고 있습니다. 잘 듣고 빈칸에 알맞은 말을 쓰세요. Track 19

안나 책을 빌리려고 하는데요. 어떻게 하면 돼요?
직원 먼저 카드를 만들어야 돼요. 이 신청서를 써서 신분증하고 같이 주세요. 사진 있으세요?
안나 아니요, 없는데요.
직원 그럼 지금 여기에서 사진을 찍으세요. 제가 찍어 드릴게요.
안나 카드를 만들면 오늘 책을 빌릴 수 있나요?
직원 네, 3권까지 빌릴 수 있어요.
안나 얼마 동안 책을 빌릴 수 있나요?
직원 일주일 동안 빌릴 수 있어요.
안나 도서관은 몇 시까지 문을 여나요?
직원 오후 6시까지 열어요.

2. 잘 듣고 질문에 답하세요. Track 20

남자 여보세요. 거기 스포츠 센터지요?
여자 네, 뭘 도와 드릴까요?
남자 수영을 배우려고 하는데요. 저녁에도 수업이 있나요?
여자 네, 저녁에도 수업이 있어요.
남자 무슨 요일에 수업을 하나요?
여자 월요일하고 수요일, 일주일에 두 번 수업이 있어요. 7시에 시작해요.
남자 수업료는 얼마인가요?
여자 한 달에 8만 원이지만 두 달 신청하시면 만 원 깎아 드려요.
남자 네, 감사합니다.

3. 라디오 캠페인을 잘 듣고 내용과 어울리는 표지판을 고르세요. Track 21

여러분, 요즘 휴대폰 많이 쓰시나요? 여러분은 하루에 휴대폰을 얼마나 보시나요? 요즘 길에서도 휴대폰을 보는 사람들이 많은데요. 휴대폰을 보면서 걸으면 다른 사람과 부딪치거나 넘어질 수 있어요. 그리고 길을 건널 때도 휴대폰을 보는 사람들이 있는데요. 사고가 날 수 있어서 아주 위험해요. 여러분, 오늘 저하고 약속 하나 해 주세요. 길을 걸을 때는 휴대폰을 보지 마세요. 자, 오늘부터 시작할까요?

3단원 | 경험 Experiences

1과 노량진수산시장에 가 봤어요?

1. 잘 듣고 질문에 답하세요. Track 25

남자 유카 씨, 주말에 친구가 한국에 오는데 어디에 가 보면 좋아요?
여자 한옥마을이나 남산이 어때요? 외국 사람들이 좋아하는 곳이에요.
남자 아, 거기는 작년에 모두 가 봤어요.
여자 그래요? 그럼 한강은 어때요? 한강에 가 봤어요?
남자 아니요, 한강은 안 가 봤어요.
여자 그럼 한강에 가서 유람선도 타고 산책도 해 보세요. 경치가 정말 아름다워요.
남자 유카 씨는 유람선을 타 봤어요?
여자 네, 작년에 부모님과 타 봤어요. 바람도 시원하고 한강 경치도 볼 수 있어서 아주 좋았어요.
남자 유람선을 타려면 미리 표를 사야 돼요?
여자 주말에는 사람이 많으니까 미리 사는 게 좋을 거예요.
남자 네, 알겠어요. 고마워요.

2. 잘 듣고 질문에 답하세요. Track 26

저는 한국어를 배우러 한국에 왔어요. 외국에서 살아 본 적이 없어서 처음에는 걱정을 많이 했어요. 하지만 선생님도 친절하고 친구들도 좋아서 학교생활이 즐거워요. 매일 학교에 다니면서 한국어를 공부해요. 한국어는 재미있지만 좀 어려워요. 저는 한국어 단어를 잘못 말해서 실수한 적이 있어요. 저는 학교에서 '선생님'을 '생선님'으로 말한 적이 있어요. 친구들이 다 웃고 선생님도 웃으셨어요. 저는 좀 창피했어요. 하지만 그다음부터는 '선생님'을 '생선님'으로 부른 적이 없어요. 실수를 하면서 더 많이 배우는 것 같아요. 가끔 실수를 하지만 앞으로도 항상 한국어로 말해 보려고 해요. 한국어를 더 잘하고 싶어요.

2과 뮤지컬을 봤는데 정말 재미있었어요

1. 주말에 무엇을 했는지 잘 듣고 알맞은 것을 연결하세요.
Track 30

남자 유카 씨, 주말에 뭐 했어요?
여자 대학로에서 연극을 봤는데 정말 재미있었어요. 올리버 씨는 뭐 했어요?
남자 저는 친구하고 같이 콘서트에 갔다 왔는데 정말 신나고 재미있었어요. 나중에 유카 씨도 같이 가요.
여자 그래요. 케빈 씨도 같이 콘서트에 갔어요?
남자 아니요. 케빈 씨는 작년에 그 가수의 콘서트에 가 본 적이 있어요. 그래서 이번에는 안 갔어요. 케빈 씨는 전시회를 보러 갔어요.
여자 양양 씨는요?
남자 양양 씨는 박물관에 갔어요.

2. 잘 듣고 질문에 답하세요. Track 31

남자 내일 우리 학교에서 축제를 하는데 시간 있으면 오세요.
여자 아, 그래요?
남자 7시에 특별 공연도 있어요.
여자 무슨 공연이에요?

남자 가수 김민호가 와서 콘서트를 해요.
여자 와, 전에 김민호 콘서트에 간 적이 있는데 정말 재미있었어요. 꼭 보고 싶어요.
남자 인기 있는 가수라서 내일 사람이 정말 많이 올 거예요. 늦으면 자리가 없으니까 좀 빨리 오세요.
여자 네, 그럼 내일 5시까지 학교로 갈게요.

3. 잘 듣고 맞으면 ○, 틀리면 ×표 하세요. Track 32

저는 한국에서 1년 동안 홈스테이를 해 봤어요. 한국 드라마를 보고 홈스테이를 해 보고 싶었어요. 그래서 인터넷에서 홈스테이를 찾았어요. 홈스테이 집은 지하철 역 근처에 있어서 교통이 편리했어요. 홈스테이 가족을 처음 만났을 때 저는 한국어를 잘 못해서 그냥 많이 웃었어요. 홈스테이 가족들은 아주 친절했어요. 저는 홈스테이 가족들과 같이 남산에도 가 보고 동대문 시장에도 가 봤어요. 그리고 홈스테이를 하면서 한국 문화를 많이 배웠어요. 정말 즐거웠어요.

4단원 | 취업 Employment

1과 컴퓨터 회사에서 일한 적이 있습니다

1. 잘 듣고 질문에 답하세요. Track 36

남자 안나 씨, 오늘 수업 끝나고 뭐 할 거예요?
여자 저는 오빠 선물을 사러 백화점에 갈 거예요.
남자 선물요? 오빠 생일이에요?
여자 아니에요. 이번에 오빠가 취직을 했어요. 그래서 축하 선물을 하려고요.
남자 와, 어느 회사에 지원했어요?
여자 서울컴퓨터에 지원했는데 어제 합격 소식을 들었어요.
남자 와, 좋은 소식이네요. 그런데 무슨 선물을 살 거예요?
여자 아직 잘 모르겠어요.
남자 그럼 넥타이는 어때요? 이제 회사원이 되었으니까 넥타이가 필요할 거예요.
여자 그게 좋겠네요. 근데 제가 넥타이를 사 본 적이 없는데요. 혹시 시간이 있으면 좀 도와줄 수 있어요?
남자 그럼요. 저하고 같이 가요. 제가 도와줄게요.
여자 정말 고마워요.

2. 투이 씨의 발표를 잘 듣고 빈칸에 들어갈 내용을 쓰세요. Track 37

안녕하십니까? 저는 베트남에서 온 투이입니다. 저는 '외국인 학생들이 방학 때 주로 한 일'에 대해서 발표하려고 합니다. 저는 이것을 알고 싶어서 학교의 외국인 학생들과 인터뷰를 했습니다. 제가 조사한 학생은 모두 40명이었습니다. 조사한 학생 중 20명은 방학에 고향에 갔다 왔습니다. 그리고 10명은 한국에서 아르바이트를 했습니다. 방학 동안 한국어능력시험을 준비한 학생도 5명 있었습니다. 마지막으로 여행을 한 학생들도 5명 있었습니다. 이것을 보면 방학 때 고향에 간 학생이 제일 많은 것을 알 수 있습니다. 이것으로 발표를 마치겠습니다. 제 발표를 들어 주셔서 감사합니다.

2과 지금 다니는 회사보다 연봉이 많아요

1. 남자는 지금 회사를 옮기려고 합니다. 옮기려는 회사는 지금 다니는 회사와 무엇이 다릅니까? 표시해 보세요. Track 41

여자 민수 씨, 지난주에 면접을 봤지요? 어떻게 됐어요?
남자 네, 저 합격했어요.
여자 와, 축하해요.
남자 고마워요. 정말 좋은 회사라서 꼭 가고 싶었어요.
여자 지금 다니는 회사보다 더 좋아요?
남자 네, 지금 다니는 회사보다 근무 시간은 짧고 월급은 더 많아요. 그런데 출장을 자주 가야 돼요.
여자 언제부터 출근해요?
남자 다음 달 1일부터 출근해요.

2. 잘 듣고 질문에 답하세요. Track 42

남자 여보세요. 서울식당이지요?
여자 네, 그렇습니다.
남자 아르바이트 광고를 보고 전화 드렸습니다.
여자 아, 네. 주말 오후 1시부터 5시까지 일할 수 있어요?
남자 네, 할 수 있습니다.
여자 식당에서 아르바이트를 해 본 적이 있어요?
남자 네, 6개월 동안 식당에서 아르바이트를 했습니다.
여자 우리 식당에는 외국인 손님도 많은데 영어 할 줄 알아요?
남자 네, 할 줄 압니다.
여자 알겠어요. 그럼 이번 토요일에 오후 1시까지 오세요.
남자 네, 알겠습니다. 안녕히 계세요.

5단원 | 건강 Health

1과 건강에 관심이 많네요

1. 잘 듣고 맞으면 ○, 틀리면 ×표 하세요. Track 46

남자 지영 씨, 운동화가 예쁘네요. 새로 샀어요?
여자 네, 지난 주말에 샀는데 세일을 해서 싸게 샀어요.
남자 지영 씨한테 잘 어울려요. 요즘 운동화를 자주 신네요.
여자 네, 요즘 출근할 때 걸어서 와요. 그래서 운동화를 자주 신어요.
남자 걸어서 오면 회사까지 얼마나 걸려요?
여자 30분쯤 걸려요.
남자 힘들지 않아요?
여자 네, 괜찮아요. 운동도 할 수 있고 좋아요.

2. 잘 듣고 맞는 것을 고르세요. Track 47

남자 여보세요. 하나병원이지요? 문의할 게 있어서 전화 드렸는데요.
여자 네, 말씀하세요.
남자 다음 주 화요일 두 시로 예약을 했는데 못 갈 것 같아서요. 예약을 좀 바꿔 주세요.
여자 네, 그럼 언제로 바꿔 드릴까요?
남자 오늘은 몇 시까지 하세요?
여자 오늘은 여섯 시까지 합니다.
남자 아, 그래요? 오늘은 일이 늦게 끝나서 그때까지 못 갈 것 같아요.
여자 그럼 수요일은 어떠세요? 매주 수요일에는 아홉 시까지 합니다.
남자 아, 잘됐네요. 그럼 다음 주 수요일 일곱 시로 예약해 주세요.
여자 네, 알겠습니다.

3. 다음은 85세 김옥순 할머니의 인터뷰입니다. 잘 듣고 질문에 답하세요. Track 48

남자 안녕하십니까? 오늘은 신림 문화 센터에 왔습니다. 많은 할아버지, 할머니들이 즐겁게 춤을 배우고 계시는데요. 한 분을 만나 이야기해 보겠습니다. 안녕하세요, 할머니?
여자 네, 안녕하세요?
남자 성함이 어떻게 되세요?
여자 김옥순이에요.
남자 실례지만 올해 연세가 어떻게 되세요?

여자　여든다섯이에요.
남자　아주 건강해 보이시는데요. 건강을 지키는 특별한 방법이 있으시면 좀 소개해 주세요.
여자　저는 음식을 싱겁게 먹어요. 매일 집 근처에서 산책도 하고요. 그리고 스트레스를 받으면 바로 풀어요.
남자　아, 그러세요? 평소에 스트레스를 어떻게 푸세요?
여자　노래를 크게 불러요. 노래 부를 때는 힘든 일도 다 잊어버려요.
남자　몸에 좋은 음식도 많이 드세요?
여자　아니요, 몸에 좋은 음식보다는 그냥 제가 좋아하는 음식을 자주 먹어요. 김치찌개나 된장찌개 이런 거요.
남자　네, 오늘 말씀 감사합니다. 건강하게 오래 오래 사세요.

2과 몸살이 난 것 같아요

1. 잘 듣고 맞으면 ○, 틀리면 ×표 하세요.　Track 52

의사　어디가 아파서 오셨어요?
환자　배가 아파서 왔어요.
의사　언제부터 아프셨어요?
환자　어제부터요. 저녁을 좀 많이 먹었는데 그다음부터 계속 아파요.
의사　여기 누워 보세요. 한번 보겠습니다. 자, 어떠세요? 여기 아프세요?
환자　네, 아파요.
의사　배탈이 났네요. 약을 드시고 몸을 따뜻하게 하세요.
환자　저녁에 식사 약속이 있는데 저녁을 먹어도 되나요?
의사　오늘 저녁은 안 드시는 게 좋습니다. 커피나 콜라도 드시지 마세요.
환자　네, 알겠습니다. 감사합니다.

2. 안내 방송을 잘 듣고 맞으면 ○, 틀리면 ×표 하세요.　Track 53

(딩동댕) 안녕하세요? 오늘도 저희 문화 센터를 찾아 주셔서 감사합니다. 다음 주에 하는 무료 노래 수업을 안내해 드리겠습니다. 다음 주 화요일 3시부터 4시까지 9층 교실에서 한 시간 동안 무료 노래 수업을 합니다. 요즘 유행하는 노래를 같이 배워 보는 시간입니다. 신청은 오늘부터 다음 주 월요일까지 5층 문화 센터 사무실에서 하실 수 있습니다. 즐겁게 노래도 배우고 스트레스도 풀어 보세요. 여러분의 많은 관심 부탁드립니다.

3. 잘 듣고 질문에 답하세요.　Track 54

남자　밍밍 씨, 회의 준비 다 했어요?
여자　아니요, 아직 다 못 했어요.
남자　그래요? 저는 끝났는데 제가 좀 도와줄까요?
여자　괜찮아요. 그런데 좀 피곤하네요.
남자　그럼 잠깐 밖에 나가서 좀 걸을까요?
여자　네, 좋아요. 사무실에 너무 오래 있으니까 머리도 아프고 더 피곤한 것 같아요.
남자　우리 커피도 한 잔 마실까요?
여자　아, 제가 요즘 잠을 잘 못 자서 커피는 안 마시려고요.
남자　그럼 커피는 안 마시는 게 좋을 것 같네요. 우리 지금 나갈까요?
여자　네, 좋아요.

6단원 | 고장 Broken

1과 노트북 화면이 안 나와요

1. 잘 듣고 알맞은 것을 연결하세요.　Track 58

1) 여자　텔레비전에 어떤 문제가 있습니까?
   남자　화면은 나오는데 소리가 안 나요.

2) 여자　노트북이 안 돼요?
   남자　네, 고장이 난 것 같아요. 전원이 안 켜져요.

3) 여자　에어컨에 문제가 있어요?
   남자　네, 전원은 켜지는데 시원한 바람이 안 나와요.

2. 잘 듣고 질문에 답하세요.　Track 59

남자　에밀리 씨, 우리 이번 일요일에 명동에 갈 때 지하철 타고 가요.
여자　왜요? 버스가 더 편하지 않아요? 지하철을 타면 갈아타야 하는데 버스는 안 갈아타도 돼요.
남자　그날 명동 근처에서 서울마라톤을 해요. 마라톤 대회 때문에 그날은 명동에 버스가 안 다녀요.
여자　그래요? 몰랐어요. 그럼 신림역에서 만나서 지하철을 타고 가요.
남자　네, 그럼 일요일에 만나요.

3. 잘 듣고 질문에 답하세요. Track 60

　남자　여보세요. 안나 씨, 저 양양이에요.
　여자　아, 양양 씨, 벌써 도착했어요?
　남자　네, 지금 막 인사동에 도착했어요. 안나 씨는 지금 어디예요?
　여자　저는 버스를 타고 가고 있는데 사고 때문에 길이 막혀요. 좀 늦을 것 같아요.
　남자　알겠어요. 그럼 버스 정류장 앞에서 기다릴게요.
　여자　양양 씨, 날씨가 추우니까 미술관에 가서 기다리는 게 어때요?
　남자　네, 그게 좋겠어요. 그런데 미술관이 어디에 있어요?
　여자　안국역 3번 출구로 나가서 쭉 가다가 사거리에서 왼쪽으로 돌아가세요. 그러면 오른쪽에 도서관이 있는데 도서관 바로 옆에 미술관이 있어요. 미안해요. 빨리 갈게요.
　남자　괜찮아요. 천천히 오세요. 먼저 가 있을게요.

2과 세탁기가 고장 나서 전화 드렸어요

1. 잘 듣고 질문에 답하세요. Track 64

　여자　케빈 씨, 지난번에 휴대폰 바꿨지요?
　남자　네, 휴대폰을 잃어버려서 새로 샀어요. 왜요?
　여자　저도 휴대폰을 새로 사려고 해요. 휴대폰이 자꾸 고장이 나서요.
　남자　서비스 센터에 가 봤어요?
　여자　네, 벌써 두 번째예요. 지난번에는 화면이 안 나와서 고쳤는데 이번에 또 고장이 났어요.
　남자　또요? 이번에는 뭐가 고장 났어요?
　여자　전원이 자꾸 꺼져요. 지난번에 수리비가 많이 나왔어요. 이번에도 수리비가 많이 나올 것 같아요.
　남자　그럼 그냥 휴대폰을 바꾸는 게 좋을 것 같네요.

2. 잘 듣고 질문에 답하세요. Track 65

　남자　이번 주말에 역사박물관에 가려고 하는데 혹시 가 본 적이 있어요?
　여자　네, 저는 한국 역사에 관심이 많아서 여러 번 가 봤어요.
　남자　저도 이번에 가 보려고 하는데요. 박물관에 가면 설명도 들을 수 있지요?
　여자　그럼요. 박물관에 전시물을 설명해 주는 사람도 있고 기계로도 설명을 들을 수 있어요.
　남자　중국어로 설명을 들을 수 있어요?
　여자　네, 기계를 빌리면 중국어로 들을 수 있어요.
　남자　아, 그게 좋을 것 같은데요. 돈을 내야 돼요?
　여자　아니요, 박물관 1층에서 무료로 기계를 빌릴 수 있어요.
　남자　박물관에 식당도 있어요?
　여자　네, 2층에 있어요. 음식은 맛있는데 값은 좀 비싸요. 박물관 옆에 공원이 있으니까 먹을 음식을 가져가서 공원에서 먹어도 돼요.
　남자　정말 좋은 정보네요. 고마워요.

7단원 | 모임 Gatherings

1과 금요일에 신입생 환영회에 갈 거예요?

1. 잘 듣고 알맞은 것을 연결하세요. Track 69

1) 여자　기윰 씨, 이번 주말에 바빠요?
　남자　네, 약속이 있어요. 친구가 새집으로 이사해서 파티를 하는데 거기 가려고 해요.
2) 여자　민준 씨, 기분이 좋은 것 같은데 무슨 일 있어요?
　남자　이따가 저녁에 초등학교 친구들 모임에 가요. 오랜만에 친구들을 만날 걸 생각하니까 기분이 좋네요.
3) 여자　양양 씨, 저녁 때 모임에 갈 거지요?
　남자　그럼요. 나나 씨가 고향에 돌아가면 자주 만날 수 없을 것 같아요. 그래서 꼭 가려고요.

2. 잘 듣고 질문에 답하세요. Track 70

　남자　에밀리 씨, 내일 오후에 재미있는 모임이 있는데 시간 있으면 같이 가요.
　여자　무슨 모임인데요?
　남자　한국어를 배우는 친구들이 같이 모여서 책을 읽고 이야기하는 모임이에요.
　여자　그래요? 무슨 책을 읽어요?
　남자　한국어로 된 짧은 소설을 읽어요.
　여자　저는 소설을 좋아하지만 한국 소설을 읽어 본 적은 없어요. 한국 소설이 저한테 좀 어렵지 않을까요?
　남자　어렵지 않은 소설도 많으니까 괜찮을 거예요.
　여자　네, 좋아요. 그럼 내일 만나서 같이 가요.

3. 잘 듣고 질문에 답하세요. Track 71

남자 유카 씨, 제가 다음 달에 도쿄에 가려고 하는데요. 요즘 도쿄 날씨는 어때요? 서울하고 비슷할까요?
여자 서울보다 조금 더 더울 거예요. 얇은 옷을 준비해 가세요. 그런데 왜 일본에 가세요?
남자 친구를 만나러 가요. 미국에서 어학연수 할 때 같이 공부한 친구인데 친하게 지냈어요.
여자 그래요? 친구가 좋아할 것 같네요. 얼마 동안 못 봤어요?
남자 이 년 동안 못 만났어요. 그동안 전화로는 연락했는데 일본에 가서 보는 건 처음이에요. 참, 친구한테 줄 선물을 살 건데요. 뭘 사 가면 좋을까요?
여자 한국 과자가 좋을 거예요. 과자를 사 가세요.

2과 우리 같은 신입생이니까 말 놓을까요?

1. 두 사람은 무슨 관계입니까?
잘 듣고 알맞은 것을 연결하세요. Track 75

1) 여자 민수야, 너 숙제 다 했어?
   남자 아직 안 했어요, 엄마. 이것만 보고 할 거예요.
   여자 그래. 그럼 그거 보고 숙제 해.
2) 여자 아키라 씨, 오늘도 늦었네요. 수업 시간에 늦지 마세요.
   남자 죄송합니다. 내일은 늦지 않겠습니다.
3) 여자 기욤 씨, 회의 준비 다 끝났습니까?
   남자 네, 다 됐습니다.
   여자 좋습니다. 그럼 10분 뒤에 시작하겠습니다.

2. 잘 듣고 질문에 답하세요. Track 76

남자 여보세요.
여자 여보세요. 민수야, 나 유카야. 지금 전화 괜찮아?
남자 응, 괜찮아. 무슨 일이야?
여자 너 아딜라 전화번호 알아?
남자 응, 알아.
여자 아딜라가 휴대폰을 바꿔서 새 전화번호를 알려 줬는데 잊어버렸어.
남자 잠깐만, 010 – 0123 – 8008이야.
여자 8088?
남자 아니, 8008이야. 내가 문자로도 보내 줄게.
여자 그래, 그게 좋을 것 같아. 고마워.

3. 잘 듣고 질문에 답하세요. Track 77

남자 에바, 주말에 뭐 했어?
여자 주말에 그냥 집에서 텔레비전 보고 푹 쉬었어. 너는?
남자 난 친구들이랑 같이 야구장에 갔는데 진짜 재미있었어. 너 야구장에 가 봤어?
여자 아니, 난 집에서 본 적은 많은데 야구장에 가 본 적은 없어.
남자 나도 이번이 처음이었는데 정말 좋았어. 경기 보면서 피자도 먹고 같이 노래도 불렀어.
여자 와, 나도 한번 가 보고 싶어. 재미있을 것 같아.
남자 그래? 너 시간 있을 때 다음에 같이 가자.

8단원 | 변화 Change

1과 부산에서 살다가 서울로 오게 됐어

1. 오늘 날씨는 어떻습니까?
일기 예보를 잘 듣고 알맞은 것을 연결하세요. Track 81

1) 여자 오늘 날씨는 어떻습니까?
   남자 어제는 조금 추웠는데 오늘은 어제보다 많이 따뜻해졌습니다.
2) 여자 오늘 날씨는 어떻습니까?
   남자 어제부터 계속 비가 오고 있습니다. 비가 와서 공기는 깨끗해졌지만 길이 많이 복잡합니다.
3) 여자 오늘 날씨는 어떻습니까?
   남자 날씨가 많이 추워졌습니다. 옷을 따뜻하게 입으시는 게 좋겠습니다.

2. 잘 듣고 질문에 답하세요. Track 82

남자 오늘 점심은 학교 앞에 있는 서울식당에서 먹자.
여자 서울식당? 거기는 별로인 것 같아. 가격이 싸서 전에 가 봤는데 맛도 없고 직원들도 별로 친절하지 않았어.
남자 아니야. 내가 어제 가 봤는데 식당이 깨끗해지고 음식도 맛있어졌어.
여자 그 서울식당이 맞아?
남자 응, 똑같은 곳인데 주인이 바뀐 것 같아.
여자 그래? 직원들도 친절해?
남자 응, 직원들도 전보다 더 친절해졌어.
여자 전에는 그 식당에서 파는 음식 종류가 정말 많

앉는데 별로 맛있는 게 없었어. 메뉴도 달라졌어?
남자 응. 지금은 냉면하고 불고기만 파는데 둘 다 진짜 맛있어. 근데 가격은 전보다 좀 비싸졌어.
여자 그래, 그럼 가 보자.

3. 잘 듣고 질문에 답하세요. Track 83

남자 선배, 선배는 기숙사에 살아요?
여자 아니. 나는 학교 앞에서 혼자 살아. 그런데 왜?
남자 저는 지금 기숙사에서 사는데 룸메이트가 있어서 좀 불편할 때가 많아요. 그래서 다음 학기부터 혼자 살아 보려고 해요. 혼자 살면 어때요? 좋아요?
여자 혼자 살게 되면 편하고 좋아. 그리고 내가 정말 어른이 된 것 같은 느낌이 들어.
남자 힘든 건 없어요? 혼자 살아 본 적이 없어서 조금 걱정이 돼요.
여자 집안일을 혼자 다 해야 돼서 그게 좀 힘들어. 나는 고향에서 가족들과 함께 살 때는 청소나 빨래는 전혀 안 했어. 3년 동안 혼자 살았는데 아직도 집안일 하는 걸 별로 좋아하지 않아.
남자 기숙사에서도 청소와 빨래를 제가 해서 그건 괜찮아요. 그런데 저는 요리 때문에 걱정이에요. 한 번도 해 본 적이 없는데 제가 요리를 잘할 수 있을까요?
여자 나도 처음에는 요리하는 게 힘들었는데 지금은 잘하게 됐어. 그리고 요리에 관심도 많아졌어. 너도 간단한 음식부터 만들어 봐. 그러면 나중에는 잘하게 될 거야.

2과 대학교를 졸업한 후에 뭐 하고 싶어요?

1. 한국에 온 후에 무엇이 달라졌습니까? 잘 듣고 알맞은 것을 고르세요. Track 87

1) 여자 한국에 온 후에 뭐가 달라졌어요?
   남자 한국에 온 후에 많이 걷게 되었어요. 기숙사에서 학교까지 좀 멀지만 매일 걸어 다녀요.
2) 여자 한국에 온 후에 뭐가 달라졌어요?
   남자 한국에 오기 전에는 가족과 같이 살았는데 한국에 온 후에는 혼자 살게 되었어요.
3) 여자 한국에 온 후에 뭐가 달라졌어요?
   남자 요리를 자주 하게 됐어요. 한국에 오기 전에는 식당에서 사 먹었어요.

2. 잘 듣고 맞으면 ○, 틀리면 ×표 하세요. Track 88

여자 이곳은 우리 학교 박물관이에요.
남자 이 건물은 언제 만든 거예요?
여자 70년 전에 만든 건물이에요.
남자 와, 정말 오래 됐네요.
여자 박물관으로 사용하기 전에는 학교 도서관이었어요. 안에 학교 역사를 알 수 있는 좋은 사진이 많이 전시되어 있으니까 같이 들어가 볼까요?
남자 와, 옛날 사진이 정말 많네요.
여자 이 사진을 한번 보세요. 옛날에는 이 건물 하나만 있었어요. 지금은 건물이 많이 늘어서 학교 안에 병원, 커피숍, 수영장도 있어요.
남자 이 사진은 학생들 사진인가요?
여자 네, 옛날 학생들의 졸업 사진이에요. 그때는 학생이 적었는데 지금은 만 명이나 돼요.
남자 학교가 정말 많이 발전했네요.

3. 잘 듣고 질문에 답하세요. Track 89

사회자(여) 네, 오늘은 서울병원 박준성 선생님을 모시고 우리 몸에 꼭 필요한 물 이야기를 해 보려고 합니다. 말씀을 듣기 전에 질문을 먼저 받아 보겠습니다. 혹시 평소에 궁금하신 것이 있었습니까? 아, 저기 손 드신 남자 분 질문해 주세요.
방청객1(남) 저는 평소에 물을 잘 안 마시는데요. 하루에 물을 얼마 정도 마시는 게 좋습니까?
의사(남) 하루에 8잔 정도가 적당합니다. 한 번에 마시는 것보다 조금씩 자주 드시는 게 좋고요. 아침에 일어난 후에 바로 한 잔 마시고 자기 전에도 한 잔 마시면 건강에 도움이 됩니다.
방청객1(남) 저는 물보다 녹차를 더 자주 마시는데 녹차를 마시는 건 어떤가요?
의사(남) 녹차가 건강에 좋기는 하지만 우리 몸에 필요한 건 물입니다. 그리고 녹차를 너무 많이 마시게 되면 잠이 잘 오지 않기도 합니다.
사회자(여) 네, 또 저기 계시는 여자 분도 손을 드셨는데요. 질문해 주세요.
방청객2(여) 밥 먹은 후에 바로 물을 마시는 것은 안 좋지요?
의사(남) 네, 식사한 후에 바로 물을 마시면 소화가 잘 안 될 수 있습니다. 그렇지만 식사하기 전에 마시는 것도 좋은 것은 아닙니다. 식사하기 전이나 식사한 후 30분 동안은 물을 안 마셔야 소화에 도움이 됩니다.

9단원 | 명절 Holidays

1과 가족처럼 지내는 친구들이 있어서 괜찮아요

1. 잘 듣고 맞는 그림을 골라 번호를 쓰세요. Track 93

1) 남자 어, 왜 그래? 다리 다쳤어?
   여자 조금 전에 공원 앞에서 넘어졌어.
   남자 많이 아프겠네. 괜찮아?

2) 남자 지우 씨, 여기예요. 뭘 이렇게 많이 가져왔어요?
   여자 과일하고 음료수를 가져왔어요.
   남자 무겁겠네요. 제가 들어 줄게요.

3) 남자 우리 점심은 뭐 먹을까요?
   여자 제가 김밥을 준비해 왔어요. 제가 만든 건데 한 번 먹어 보세요.
   남자 와, 맛있겠어요.

2. 잘 듣고 질문에 답하세요. Track 94

남자 넌 어렸을 때 뭐가 되고 싶었어?
여자 난 초등학생 때는 피자 가게 주인이 되고 싶었어. 그리고 중학생 때는 영화배우, 고등학생 때는 디자이너가 되고 싶었어.
남자 그래? 하고 싶은 일이 계속 바뀌었네.
여자 응. 어렸을 때는 그랬는데 이제는 내가 진짜 하고 싶은 일을 찾았어.
남자 그게 뭔데?
여자 영화감독이 되고 싶어. 내가 만든 영화를 많은 사람들이 보면 정말 행복할 것 같아.
남자 와, 정말 멋있네.
여자 넌 뭐가 되고 싶었어?
남자 난 초등학생 때는 경찰이 되고 싶었어. 근데 지금은 모르겠어. 뭘 하면 좋을까?
여자 너 고등학교 때 글쓰기 대회에서 상도 많이 받았지?
남자 응, 상 받은 적 몇 번 있어. 지금도 글 쓰는 건 좋아해.
여자 그럼 기자나 작가처럼 글 쓰는 일을 하는 건 어때? 넌 글을 잘 쓰니까 그런 일을 하면 좋을 것 같아.

3. 잘 듣고 질문에 답하세요. Track 95

여자 민수 씨, 추석에 고향에 가요?
남자 네, 지난 설날에는 회사 일 때문에 바빠서 못 갔는데 이번에는 가려고 해요.
여자 뭘 타고 가요? 기차로 가요?
남자 아니요. 기차가 제일 편한데 기차표를 예매 못 했어요. 그냥 버스를 타고 가려고요.
여자 명절에는 고향에 가는 사람들이 많아서 길이 많이 막히겠어요.
남자 네, 명절에는 항상 그래요. 안나 씨는 추석에 뭐 할 거예요?
여자 홍콩에서 일하는 친구가 있는데 이번 추석 때 한국에 놀러 와요.
남자 우와, 친구가 와서 같이 명절을 보내면 재미있겠네요. 친구가 한국에 와 본 적이 있어요?
여자 아니요, 처음 오는 거예요. 그런데 저처럼 한국 드라마를 좋아해서 한국에 대해 많이 알아요.
남자 잘됐네요. 친구하고 좋은 시간 보내세요.
여자 네, 민준 씨도 가족들과 좋은 시간 보내세요.

2과 설날에는 떡국을 먹는다

1. 안내 방송을 잘 듣고 질문에 답하세요. Track 99

(딩동댕) 안녕하십니까? 저희 백화점을 찾아 주신 고객 여러분께 감사드립니다. 저희 백화점은 오늘부터 세일을 시작합니다. 세일 기간은 오늘부터 이번 주 일요일까지입니다. 세일 기간 동안에는 오전 11시부터 오후 9시까지 문을 엽니다. 이번 세일 기간에는 5층에서 특별히 겨울옷을 싸게 팝니다. 또한 고객 여러분의 편안한 쇼핑을 위해 6층에는 아이들이 놀 수 있는 곳도 준비되어 있습니다. 그럼 즐거운 시간 보내시기 바랍니다. 감사합니다.

2. 잘 듣고 질문에 답하세요. Track 100

남자 안녕하세요? 머리를 어떻게 하고 싶으세요?
여자 이번에는 머리 스타일을 좀 바꾸고 싶은데요.
남자 그럼 이 사진처럼 머리를 좀 짧게 잘라 보는 건 어떠세요? 요즘 짧은 머리가 유행이니까 한번 해 보세요.
여자 짧은 머리를 해 본 적이 없는데요. 저한테 잘 어울릴까요?
남자 네. 짧은 머리도 잘 어울리실 것 같아요.
여자 좋아요. 그럼 이 사진처럼 예쁘게 잘라 주세요.
남자 여름이니까 머리 색깔도 밝은 색으로 바꾸시는 게 어떠세요?
여자 염색은 다음에 할게요.

3. 잘 듣고 질문에 답하세요. Track 101

여(앵커) 내일부터 설 연휴가 시작됩니다. 서울역에 있는 김지영 기자를 불러 보겠습니다. 김지영 기자, 지금 서울역은 어떻습니까?

여(기자) 네, 여기는 서울역입니다. 지금 서울역은 사람들이 많아서 아주 복잡합니다. 여기 계시는 한 분을 만나 이야기를 해 보겠습니다. 안녕하세요? 지금 고향으로 가시는 겁니까?

남(시민) 아닙니다. 서울로 오시는 부모님을 기다리고 있습니다.

여(기자) 아, 부모님이 서울에 오시나요?

남(시민) 네. 전에는 제가 고향에 내려갔는데요. 매년 고향에 가는 기차표를 사는 것이 너무 힘들고, 차로 가면 길이 너무 막혀서 작년부터는 부모님이 서울로 오십니다.

여(기자) 이번 연휴 계획은 세우셨나요?

남(시민) 네, 아침에 간단하게 차례를 지내고 가까운 곳으로 가족 여행을 가려고 합니다.

여(기자) 감사합니다. 새해 복 많이 받으세요. 지금까지 서울역에서 김지영이었습니다.

어휘 색인 Glossary

ㄱ

가입하다 to join, to sign up   36
가져가다 to take   24
가지 type of   77
갈비탕 short rib soup   80
감자탕 pork back bone stew   101
갑자기 suddenly   95
강남역 Gangnam subway station   23
강사 instructor   70
건강/몸에 좋다 to be good for one's health/body   72
건강을 지키다 to keep one's health   72
결정하다 to decide   103
결혼식 wedding ceremony   37
경력 work experience   64
경복궁 Gyeongbokgung Palace   56
경영학과 department of business administration   109
경험 experience   61
계단 stairs   130
계획을 세우다 to make a plan   16
고궁 ancient palace   131
고맙다 to be grateful   67
고민하다 to debate (whether to do something or not), to worry   103
고장이 나다 to be broken   86
고치다 to fix   86
곧 soon   102
(음식을) 골고루 먹다 to eat a balanced diet   72
관광통역사 tour guide   70
관리비가 싸다/비싸다 for maintenance fee to be inexpensive/expensive   30
관심 interest   28
괜찮다 to be fine   95
교과서 textbook   39
교문 school gate, entrance   125
교수님 professor   103
교통비 transportation expenses   21
교통이 편리하다/불편하다 for transportation to be convenient/inconvenient   30
교환 학생 exchange student   28
국제 international   70

그때 that time   55
그래도 still, nevertheless   67
근데 by the way   117
근무 시간 working hours   64
근무하다 to work, to be on duty   61
글 writing   132
글쎄요 well (I'm not sure)   103
기간 period (of time)   16
기계 machine   96
기념품 souvenir   125
기타 et cetera   70
길거리 공연 street performance   47
길이 막히다 for a road to be jammed   23
김치를 담그다 to make Kimchi   66
끄다 to turn off   98
끓이다 to boil   140
끝내다 to end, to finish   82

ㄴ

나이가 들다 to grow older   114
날짜를 잡다 to set a date   100
남기다 to leave   28
남산 Namsan Mountain   47
남아 있다 to remain   42
남이섬 Namiseom Island   51
넓다 to be spacious   38
넘다 to exceed   126
넘어지다 to fall, to trip   130
놀다 to play, to hang out   122
놀이공원 amusement park   130
높임말을 쓰다 to use honorific speech   106
놓다 to lay, to place   98
느끼다 to feel   56
느리다 to be slow   89
늘다 to increase   120

ㄷ

다 all   25
달/개월 month   16

당황하다 to be embarrassed   55
대상 subject   62
대출 lending   40
덕담 well-wishes   137
데이트 date   55
도시 city   65
도와주다 to help   32
도움 help   84
도움이 되다 to be of help to   103
도착하다 to arrive   22
도쿄 Tokyo   41
독서 모임 book discussion club   104
돈을 벌다 to earn money   119
돌다 to spin   98
돌아가다 to turn, to go around   87
돌아오다 to come back   22
동갑 same age   106
동그랗게 round   140
동아리 방 activity club room   39
동전 coin   140
동창회 reunion   100
두다 to put, to set   98
드리다 to give (humble form)   32
들어가다 to join   28
등록금 tuition   39
등록하다 to register   19
디자이너 designer   132
디자인 design   67
따다 to get, to earn   19
떠나다 to leave   22
떡국을 먹다 to eat tteokguk (rice-cake soup)   134
떨리다 to be nervous   67
떨어지다 to fall   79

ㄹ

라틴 댄스 Latin dance   66
런던 London   53

ㅁ

마음 mind, heart   140
만리장성 Great Wall of China   53

만지다 to touch   84
말 horse   49
말을 놓다 to go from formal to casual speech   106
말하기 대회 speech contest   70
맡기다 to leave, to entrust   86
매주 every week   28
멈추다 to stop   98
면접관 interviewer   61
면접을 보다 to have an interview   58
명절 holiday   128
모시고 살다 to live with (someone older)   126
모이다 to gather   100
모자라다 to be insufficient   21
몸살감기 cold with body aches and chills   81
몸살이 나다 to have body aches and chills   78
무료 free   82
문의하다 to inquire   36
문화 culture   74
물어보다 to ask   110
뮤지컬을 보다 to see a musical   50
미리 in advance   137

ㅂ

바꾸다 to change   96
바닥 floor   98
바라다 to wish   112
바람 wind   90
반대하다 to oppose   112
반말하다 to speak casually   106
발리 Bali   53
발전하다 to develop   120
발표하다 to present   63
방법 method   20
방송국 broadcasting station   111
배 twofold, times, multiplier   126
배낭여행을 하다 to go backpacking   44
배탈이 나다 to have a stomachache   78
버튼을 누르다 to press a button   92
번 time, occasion   26
번지 점프 bungee jump   51
베니스 Venice   53

변경하다 to change   42
변하다 to change   120
보고서 report   89
보름달을 구경하다 to see a full moon   134
보이다 to be seen   42
보험 insurance   39
봉사 활동을 하다 to do volunteer work   44
부동산 property, real estate   34
분위기 atmosphere   25
비율 ratio   126
빈방 vacancy   42
빌리다 to borrow   96
빨래 laundry   98
빨리 quickly   89

ㅅ

사고 accident   88
(친구를) 사귀다 to make friends   103
사무실 office   39
삼계탕 ginseng chicken soup   45
새 new   25
새로 newly   110
새롭다 to be fresh   119
새해가 되다 to become a new year   140
생각 중 in the middle of thinking   103
생기다 to be formed   120
생선회 raw fish   47
생활비 living expenses   21
서비스 센터 service center, repair center   87
선배 one's senior   106
설거지 dish-washing   24
설날 Seollal (Lunar New Year's Day)   128
설명하다 to explain   33
성명 name   70
성묘를 가다 to visit an ancestor's grave   128
세배를 하다 to take a New Year's Day bow   134
세뱃돈을 받다 to receive money for a New Year's bow   134
세탁소 dry cleaners   87
세탁실 laundry room   33
셔틀버스 shuttle bus   38
소개팅 blind date   46

소개하다 to introduce   35
소설 novel   104
소화가 안 되다 to have indigestion   78
속도 speed   89
손님 customer, guest   68
송별회 farewell party   100
송편을 먹다 to eat songpyeon (half-moon-shaped rice cake)   134
수 number (of)   124
수강 신청 course registration   39
수리 기사 repair personnel   92
수리비 repair cost   92
수리하다 to fix   86
수업료 tuition, course fee   40
스트레스를 풀다 to relieve stress   72
시간을 보내다 to spend time   137
시간이 지나다 time goes by   123
시골 countryside   65
시내 downtown   38
시설이 좋다/안 좋다 for facility to be good/not be good   30
시험에 떨어지다 to fail an exam   51
식사를 하다 to have a meal   122
신나다 to be excited   53
신입생 환영회 freshmen welcome party   100
신청하다 to apply   36
실수 mistake   48
심심하다 to be bored   130
싱겁다 to be bland   76
싸우다 to fight, to quarrel   21
썰다 to chop, to slice   140
씻다 to wash   121

ㅇ

아랍어 Arabic language   66
아르바이트를 하다 to work a part-time job   44
아름답게 beautifully   56
아마 maybe   111
아이 child   32
안내하다 to guide   33
알리다 to inform   20
알아보다 to inquire   16
앞으로의 in the future   112

야간 개장 opening at night   56
야구장 baseball field   110
야근 night overtime   81
야단을 맞다 to be scolded   51
약 medicine   81
약손 comforting hand   84
양말 socks   122
어른이 되다 to become an adult   114
어리다 to be young   132
어지럽다 to be dizzy   78
어학연수를 하다 to study language abroad   44
얼다 to freeze   95
얼음 ice   95
에 대해서 about   63
여행지 travel destination   41
연극을 보다 to see a play   50
연락처 contact information   28
연봉 salary   64
영화감독 movie director   132
영화제 film festival   52
영화표 movie ticket   24
예상하다 to expect   126
예전 the old days   117
옛날 the old days   84
오래 a long time   140
오랜만에 after a long time   137
올라가다 to go up   47
올해 this year   111
외국 foreign country   55
요가 yoga   75
우수상 award of excellence   70
운전면허 driver's license   19
웃다 to laugh   77
웃어른 elders   137
원룸 studio apartment   34
월세가 싸다/비싸다 for rent to be inexpensive/expensive   30
위치 location   25
유람선 cruise ship   47
유학생 international student   39
유학을 가다 to go study abroad   44
유행하다 to be in fashion   82

윷놀이를 하다 to play a traditional Korean game 'Yut'   128
음력 lunar calendar   137
의미하다 to mean (something)   140
이렇게 like this   140
이력서를 내다 to submit a resume   58
이메일 email   70
이상한 소리가 나다 to have a strange sound   86
이용 use, utilization   40
이유 reason   126
이탈리아 Italy   53
이해하다 to understand   130
익숙하다 to get used to   123
인기 popularity   41
인도네시아 Indonesia   53
인터넷이 되다/안 되다 for internet to work/not work   30
일 day   16
1인 가구 single-person household   126
일정을 짜다 to make a schedule   22
잃어버리다 to lose (an item)   46
입맛이 없다 to not have an appetite   78
입원하다 to be hospitalized   46
입장하다 to enter   56
입학하다 to enter, to start a school   55

ㅈ

자격증 certificate, license   64
자기 oneself   77
자꾸 repeatedly   96
자녀 sons and daughters   126
자라다 to grow up   114
작가 author   132
작동 operation, run   98
잘 되다 to go well, to work well   95
잘되다 to go well   67
잠이 안 오다 to not be able to get to sleep   78
장소를 정하다 to decide on a location   100
적다 to be few   126
적당하다 to be proper, to be suitable   124
전 before   115
전공 major   56
전공하다 to specialize, to major in   136

전시물 exhibit, display　96
전시회에 가다 to go to an exhibit　50
전에 before　45
전원을 끄다 to turn off the power　92
전원을 켜다 to turn on the power　92
전원이 안 켜지다 for power to not turn on　86
전통적이다 to be traditional　56
전통찻집 traditional teahouse　125
전학 transferring of schools　117
전후 before and after　124
정을 나누다 to share affection　137
제목 title　112
제일 first, most　41
조명 lighting　56
조상 ancestor　137
조언 advice　103
졸업생 a graduate　103
종이비행기 paper airplane　66
죄송하다 to be sorry　32
주의 사항 precaution　98
주(일) week　16
죽다 to die　114
준비 운동 warm-up exercise　121
줄넘기 jump rope　75
줄다 to decrease　120
줄이다 to reduce, to cut down　21
중국어 Chinese language　66
즐겁게 생활하다 to live happily　72
지각하다 to be late　79
지난번 last time　60
지내다 to pass time　111
지원하다 to apply　58
집들이 housewarming party　100
집안일 housework, chores　116
집주인 landlord　34
짜다 to taste salty　81

ㅊ

차다 to be cold　81
차려 놓다 to set out　137
차례를 지내다 to hold a memorial service for ancestors　128

찬바람 cool wind　95
책값 price of a book　21
체크아웃 check out　38
추가 addition　42
(춤을) 추다 to dance　66
추석 Chuseok (Korean Thanksgiving Day)　128
추수 감사절 Thanksgiving Day　131
추천하다 to recommend　104
축제에 가다 to go to a festival　50
축하하다 to congratulate　62
출발하다 to depart　22
출장 business trip　64
출판사 publisher　67
취소하다 to cancel　36
취업을 준비하다 to prepare for employment　58
취직 employment　62
친척 relative　137
친하다 to be close　73
칠판 blackboard　77

ㅋ

칸 space　77
캠핑장 camping site　24
콘서트를 보다 to see a concert　50
키가 크다 to be tall　105

ㅌ

태어나다 to be born　114
텐트 tent　24
통역 interpretation　70
특별하다 to be special　131

ㅍ

팔다 to sell　138
펜션 resort cabin　42
편 unit noun for counting movie, drama, etc.　105
편의점 convenience store　33
평일 weekday　69
평평하다 to be flat　98
포함되다 to be included　34
표현하다 to express　140

ㅎ

하노이 Hanoi 41
하얗다 to be white 140
하지만 but 55
학교생활 school life 48
학기 semester 33
학력 academic background 64
한국말 Korean language 74
한국학 Korean Studies 136
한국학과 Department of Korean Studies 70
한글 Hangeul (the Korean alphabet) 32
한복 traditional Korean clothing 45
한옥마을 Hanok Village (a neighborhood of traditional houses in Seoul) 48
함께 together 118
합격하다 to pass 58
해 year 140

향기 scent 75
헬스장 gym, fitness center 33
홈스테이를 하다 to do a homestay 44
홈페이지 homepage 37
홍대 거리 Hongdae street 47
홍콩 Hong Kong 132
화가 artist, painter 129
화면이 안 나오다 for screen to not turn on 86
확인하다 to confirm 36
활동 activity 103
회비를 내다 to pay a membership fee 100
회원 member 37
회원 카드 membership card 40
후배 one's junior 106
휴가 vacation, day off 64
휴게실 lounge 33

책임 연구원 Senior Researcher

장은아 고려대학교 교육학과 박사
Jang Euna Ph.D. in Education Evaluation, Korea University

서울대학교 언어교육원 한국어교육센터 대우조교수
Seoul National University, LEI Assistant Professor

공동 연구원 Co-researcher

김민애 서울대학교 국어교육과 박사 수료
Kim Min Ae Ph.D. Candidate in Korean Language Education, Seoul National University

서울대학교 언어교육원 한국어교육센터 대우부교수
Seoul National University, LEI Associate Professor

이정화 이화여자대학교 국어국문학과 박사
Lee Jeonghwa Ph.D. in Korean Language and Literature, Ewha Womans University

서울대학교 언어교육원 한국어교육센터 대우조교수
Seoul National University, LEI Assistant Professor

집필진 Authors

이수정 한국외국어대학교 국어국문학과 박사
Lee Sujeong Ph.D. in Korean Language and Literature, Hankuk University of Foreign Studies

서울대학교 언어교육원 한국어교육센터 대우전임강사
Seoul National University, LEI Full-time Instructor

최유리 상명대학교 한국학과 박사
Choi Yoori Ph.D. in Korean Studies, Sangmyung University

서울대학교 언어교육원 한국어교육센터 대우전임강사
Seoul National University, LEI Full-time Instructor

이명희 부산대학교 국어국문학과 박사수료
Lee Myunghee Ph.D. Candidate in Korean Language & Literature, Pusan National University

서울대학교 언어교육원 한국어교육센터 대우전임강사
Seoul National University, LEI Full-time Instructor

번역 Translator

빌리 스트루블 중앙대학교 국제지역학과 석사
Billy Struble M.A. in International Studies, Chung-Ang University

중앙대학교 교양대학 조교수
Chung-Ang University, College of General Education, Assistant Professor of English

감수 Supervisor

이소영 이화여자대학교 교육공학과 박사
Lee So Young Ph.D. in Educational Technology, Ewha Womans University

서울대학교 언어교육원 한국어교육센터 대우전임강사
Seoul National University, LEI Full-time Instructor

도와주신 분들 Contributing Staff

일러스트 Illustration 원일러스트 WINILLUSTRATIONS
녹음 Recording 미디어리더 Media Leader

사랑해요 한국어 3 Student's Book
I Love Korean 3 Student's Book

초판 1쇄 발행 2019년 5월 30일
초판 8쇄 발행 2025년 2월 25일

지은이　　서울대학교 언어교육원

펴낸곳　　서울대학교출판문화원
주소　　　08826 서울 관악구 관악로 1
도서주문　02-889-4424, 02-880-7995
홈페이지　www.snupress.com
페이스북　@snupress1947
인스타그램 @snupress
이메일　　snubook@snu.ac.kr
출판등록　제15-3호

ISBN 978-89-521-2878-2 04710
　　　978-89-521-2873-7 (세트)

ⓒ 서울대학교 언어교육원, 2019

이 책은 저작권법에 의해서 보호를 받는 저작물이므로
무단 전재와 복제를 금합니다.

Written by Language Education Institute, Seoul National University
Published by Seoul National University Press

Copyright ⓒ 2019 by Language Education Institute, Seoul National University

All rights reserved. No part of this publication may be reproduced in any form
without the written permission from publisher.

> The MP3 audio files can be accessed and downloaded through the SNU Language Education Institute website http://lei.snu.ac.kr/klec, SNU Press website http://www.snupress.com, and the QR code on the right.

주문 정보
Order Information

〈사랑해요 한국어〉, 〈서울대 한국어+ 학문 목적〉 시리즈는 서울대학교출판문화원 홈페이지(www.snupress.com)와 교보문고, 영풍문고 등 주요 서점 및 인터넷 서점 인터넷교보, YES24, 알라딘 등에서 구매하실 수 있습니다.

You can purchase the series at the Seoul National University Press homepage (www.snupress.com), major bookstores such as Kyobo Bookstore and Young-Poong Bookstore, and online bookstore such as Internet Kyobo Book Center (www.kyobobook.co.kr), YES24 (www.yes24.com), Aladin (www.aladin.co.kr), etc.

해외 유통 및 대학, 기관에서 구입을 희망하시는 경우 공앤박으로 문의하시면 됩니다.

If you want to purchase from overseas distribution, Universities, or Institutions, please contact us at Kongnpark.

공앤박(www.kongnpark.com)
E-mail: info@kongnpark.com | Telephone: +82 (0)2 565 1531 | Fax: +82 (0)2 3445 1080

Title	Publication Date
사랑해요 한국어 1 (SB/WB)	January 2019
사랑해요 한국어 2 (SB/WB)	April 2019
사랑해요 한국어 3 (SB/WB)	May 2019
사랑해요 한국어 4 (SB/WB)	June 2019
사랑해요 한국어 5 (SB/WB)	November 2015
사랑해요 한국어 6 (SB/WB)	March 2016
서울대 한국어+ 학문 목적 읽기	March 2017
서울대 한국어+ 학문 목적 쓰기	March 2017
서울대 한국어+ 학문 목적 말하기	January 2018
서울대 한국어+ 학문 목적 듣기	February 2019

*〈사랑해요 한국어〉 시리즈는 영어/일본어/중국어 판이 있습니다.

서울대학교출판문화원 SNUPRESS

(08826) 서울특별시 관악구 관악로 1
1 Gwanak-ro, Gwanak-gu Seoul 08826, Korea

Telephone: +82 (0)2 880 5252 | Fax: +82 (0)2 888 4148 | E-mail: snubook@snu.ac.kr

www.snupress.com